CB137839

DA ESCOLA PARA O MUNDO

8º ANO 9º ANO

Projetos Integradores

Arte, Ciências, Educação Física, Geografia, História, Língua Inglesa, Língua Portuguesa e Matemática

Roberta Hernandes

Bacharela e licenciada em Letras pela Universidade de São Paulo (USP)
Mestra e doutora em Literatura Brasileira pela USP
Professora e coordenadora de Língua Portuguesa na rede particular de ensino

Ricardo Gonçalves Barreto

Bacharel e licenciado em Letras pela Universidade Presbiteriana Mackenzie (Mack-SP)
Mestre e doutor em Letras pela Universidade de São Paulo (USP)
Autor de livros didáticos e consultor em Educação

editora ática

editora ática

Direção Presidência: Mario Ghio Júnior
Direção de Conteúdo e Operações: Wilson Troque
Direção editorial: Luiz Tonolli e Lidiane Vivaldini Olo
Gestão de projeto editorial: Mirian Senra e Heloisa Pimentel
Edição: Antonio Alexandre Facciolli, Regina Gomes de Souza e Beatriz Nogueira Camargo
Planejamento e controle de produção: Patrícia Eiras e Adjane Queiroz
Revisão: Hélia de Jesus Gonsaga (ger.), Kátia Scaff Marques (coord.), Rosângela Muricy (coord.), Ana Curci, Ana Maria Herrera, Ana Paula C. Malfa, Brenda T. M. Morais, Célia Carvalho, Cesar G. Sacramento, Claudia Virgilio, Diego Carbone, Gabriela M. Andrade, Hires Heglan, Luiz Gustavo Bazana, Amanda T. Silva e Bárbara de M. Genereze (estagiárias)
Arte: Daniela Amaral (ger.), Erika Tiemi Yamauchi (coord.)
Diagramação: Nathalia Laia (assist. arte), Gustavo Vanini e Tatiane Porusselli (manual do professor)
Iconografia e tratamento de imagem: Sílvio Kligin (ger.), Denise Durand Kremer (coord.), Iron Mantovanello Oliveira (pesquisa iconográfica), Cesar Wolf e Fernanda Crevin (tratamento)
Licenciamento de conteúdos de terceiros: Thiago Fontana (coord.), Celestina Perestrelo, Flávia Zambon, Liliane Rodrigues, Luciana Sposito (licenciamento de textos), Erika Ramires, Luciana Pedrosa Bierbauer, Luciana Cardoso Sousa e Claudia Rodrigues (analistas adm.)
Ilustrações: Mário Kanno e Primo da Cidade ilustras & Co.
Cartografia: Eric Fuzii (coord.)
Design: Erika Tiemi Yamauchi (proj. gráfico) e Adilson Casarotti (capa)
Ilustração de capa: appler/Shutterstock

Todos os direitos reservados por Editora Ática S.A.
Avenida das Nações Unidas, 7221, 1º andar, Setor D
Pinheiros – São Paulo – SP – CEP 05425-902
Tel.: 4003-3061
www.atica.com.br / atendimento@atica.com.br

Dados Internacionais de Catalogação na Publicação (CIP)

Hernandes, Roberta
Da escola para o mundo 8º e 9º anos / Roberta Hernandes, Ricardo Gonçalves Barreto. - 1. ed. - São Paulo : Ática, 2019.

Suplementado pelo manual do professor.
Bibliografia.
ISBN: 978-85-08-19304-2 (aluno)
ISBN: 978-85-08-19305-9 (professor)

1. Ensino fundamental. I. Barreto, Ricardo Gonçalves. II. Título.

2019-0084 CDD: 372

Julia do Nascimento - Bibliotecária - CRB-8/010142

2019
Código da obra CL 742354
CAE 648213 (AL) / 648214 (PR)
1ª edição
1ª impressão
De acordo com a BNCC.

CÓPIA NÃO AUTORIZADA É CRIME
ABDR
RESPEITE O DIREITO AUTORAL

Impressão e acabamento: Bercrom Gráfica e Editora

Uma publicação SOMOS EDUCAÇÃO

plurall

Parabéns!
Agora você faz parte do **Plurall**, a plataforma digital do seu livro didático! No **Plurall**, você tem acesso gratuito aos recursos digitais deste livro por meio do seu computador, celular ou *tablet*. Além disso, você pode contar com a nossa tutoria *on-line* sempre que surgir alguma dúvida sobre as atividades e os conteúdos deste livro.

Incrível, não é mesmo?
Venha para o **Plurall** e descubra uma nova forma de estudar!
Baixe o aplicativo do **Plurall** para Android e IOS ou acesse **www.plurall.net** e cadastre-se utilizando o seu código de acesso exclusivo:

AAAZATJEY

Este é o seu código de acesso Plurall. Cadastre-se e ative-o para ter acesso aos conteúdos relacionados a esta obra.

@plurallnet

@plurallnetoficial

SOMOS EDUCAÇÃO

52081_02 - 740

APRESENTAÇÃO

Caro aluno, este é um livro diferente, que convida você a aprender por meio de projetos. Você sabe o que é um projeto? Um projeto escolar tem como objetivo organizar seus estudos, considerando investigação e planejamento para chegar à resposta de um desafio. Para isso, você e seus colegas vão partir de uma questão desafiadora e conhecer mais sobre alguns temas, testar hipóteses, fazer experimentos, refletir sobre alguns conceitos, criar eventos e atuar além dos muros da escola.

Em todos os projetos deste livro você realizará atividades individuais, em duplas, trios e/ou grupos. É muito importante partilhar com os colegas suas descobertas e dúvidas, aprendendo com eles e trocando saberes. Discutir ideias, ouvir o que o outro pensa sobre um tema, discordar e chegar a um consenso, dividir tarefas e contribuir para uma criação coletiva fazem parte da aprendizagem por projetos e tornam essas aulas momentos especiais na rotina escolar.

Ao final de cada projeto, você e seus colegas terão criado algo coletivamente e poderão compartilhar com sua comunidade não apenas essa construção, mas também aquilo que aprenderam com cada projeto.

Quais são os projetos deste livro?

Este livro é composto de oito projetos. Os projetos Autobiografia de leitor, Energia, Patrimônio material e imaterial e Previsão do tempo são propostos para o 8º ano. Os projetos Futebol e rendimento, Identidades brasileiras, Entre o global e o local e Transmissão digital são destinados ao 9º ano. Todos eles estão divididos em etapas que podem ser distribuídas semanalmente, durante um bimestre, a critério do professor que estiver à frente do projeto.

Os temas dos projetos

Os temas foram escolhidos a partir de questões importantes do mundo de hoje e que dizem respeito à cultura, às transformações sociais, ao meio ambiente, à tecnologia e ao autoconhecimento. Todos os projetos partem de uma pergunta desafiadora. Questões como "Quais são os patrimônios culturais de minha região?" ou "Como saber se vai chover esta semana?" pretendem que você chegue a uma resposta no final do projeto. Outras perguntas, como "Que brasileiro eu desejo ser?" ou "Por que a leitura literária nos transforma?" são um convite para refletir sobre quem você é e quem deseja ser.

Todos os temas foram pensados para despertar sua curiosidade e levar você a conhecer o assunto estudado usando conhecimentos de mais de uma disciplina. Afinal, os desafios propostos na vida não estão divididos em partes, e muitas vezes você vai precisar mobilizar conhecimentos de várias áreas para entender o mundo e intervir nele.

As etapas de um projeto

A fase de execução pressupõe uma organização e um planejamento prévio de todos. Para que os projetos funcionem bem, é necessário que a atitude de cada um contribua com o trabalho da turma. Para isso, lembre-se de que:

- Trata-se de um trabalho em grupo. Ainda que algumas atividades sejam individuais, elas são realizadas com a finalidade de contribuir para um objetivo, que é de todos.
- Todo projeto precisa de um cronograma para se ajustar ao tempo. Combine sempre com o professor o tempo destinado para cada momento do projeto e busque cumprir os prazos.
- Antes de começar, é preciso saber o que será criado e como essa construção será compartilhada com a comunidade. Desse modo, o foco do projeto não se dispersa e o tempo pode ser otimizado.
- O registro, num projeto, é fundamental. Para isso, propomos que você tenha um Diário de bordo, um caderno para anotar todas as suas descobertas e registrar atividades e etapas importantes do trabalho.
- Avaliar-se constantemente é outra tarefa importante num projeto. Cumpri as tarefas acordadas? Ajudei meus colegas na resolução de impasses? Contribuí com as discussões e trocas de ideias propostas? Essas são algumas das perguntas que você pode fazer a si mesmo ao longo do projeto e que podem ajudá-lo a aproveitar ao máximo a sua participação.

Pronto para começar?

Os autores

CONHEÇA SEU LIVRO

Este livro é indicado para dois anos de estudo. Ele reúne oito projetos: quatro para o 8º ano e quatro para o 9º ano. Cada ano tem uma cor diferente. Vamos conhecê-lo?

Abertura do projeto

Apresenta o tema do projeto por meio de uma questão desafiadora ou convite e uma imagem.

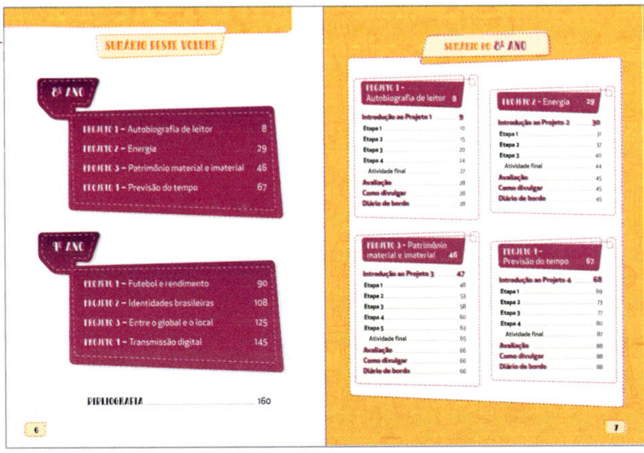

Sumário deste volume

Indica nome e página dos projetos de cada ano.

Sumário do ano

Detalha os projetos do ano, indica seus principais tópicos e a página de cada um deles.

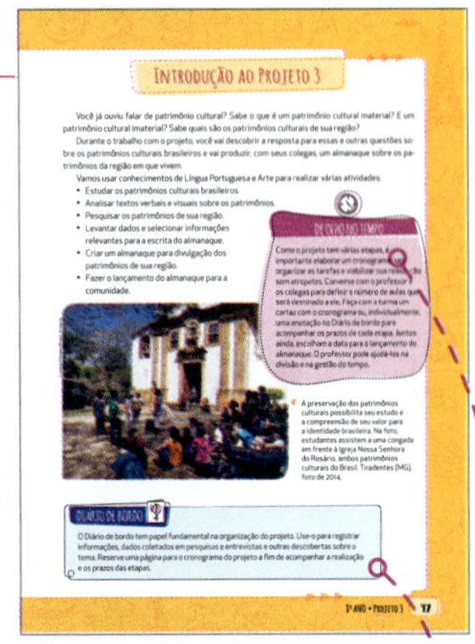

Introdução ao projeto

Dá as coordenadas: o que será feito no projeto e que disciplinas serão envolvidas.

Esses boxes lembram você de controlar os prazos e registrar as atividades.

Etapas e Atividades

Cada projeto está dividido em três, quatro ou cinco etapas, constituídas de Atividades variadas. Elas são uma preparação para a Atividade final.

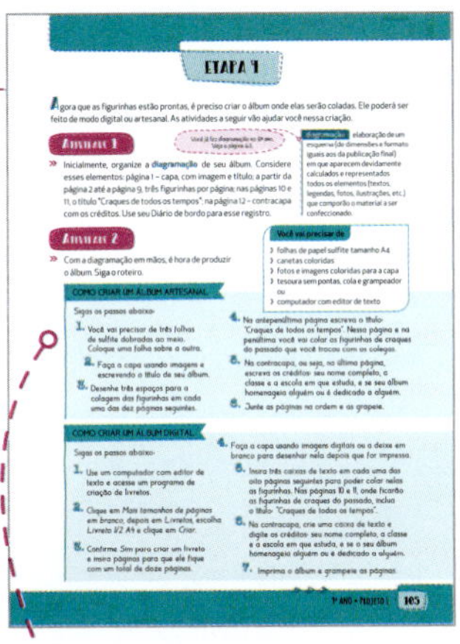

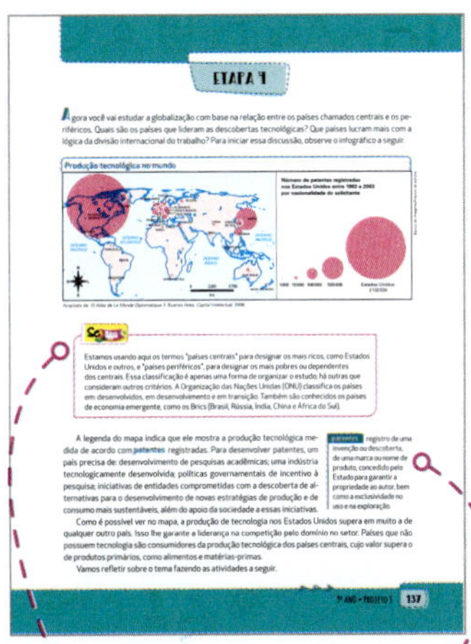

Procedimentos e material necessário para as atividades práticas.

Informações complementares e explicação dos termos mais difíceis.

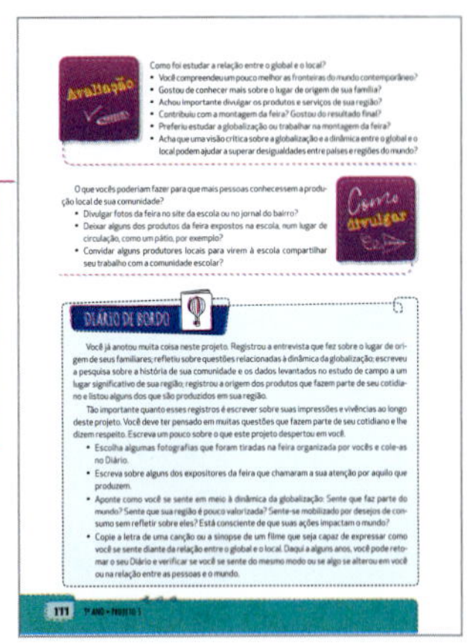

Seções finais

Propostas para você avaliar o trabalho realizado, pensar em alternativas para divulgar o projeto e finalizar seu Diário de bordo.

Atividade final

Concretização do que foi proposto na Abertura e na Introdução do projeto.

Ícones

- Atividade em dupla
- Atividade em grupo
- Atividade coletiva
- Atividade oral
- Não escreva neste livro

SUMÁRIO DESTE VOLUME

8º ANO

9º ANO

SUMÁRIO DO 8º ANO

PROJETO 1

AUTOBIOGRAFIA DE LEITOR

› Por que a leitura literária nos transforma?

iStockphoto/Getty Images

Juanmonino/Getty Images

Uma obra literária tem o poder de nos encantar e prender nossa atenção.

Introdução ao Projeto 1

Neste projeto você vai conhecer melhor a leitura literária e refletir sobre o que ela significa. Ler é importante? Por quê? A leitura tem lugar na sua vida? Você costuma ler por prazer ou lê só por obrigação? Você gosta de ler? Vamos considerar a ideia de que a leitura constitui um prazer e um direito do ser humano.

Pronto para (re)pensar seu percurso como leitor e compartilhá-lo com os outros? Pronto para multiplicar possibilidades de leitura? No projeto você vai trabalhar individualmente para construir sua autobiografia de leitor e trabalhar coletivamente para montar uma biblioteca volante em sua escola.

Você vai usar conhecimentos de Língua Portuguesa, Língua Inglesa e Arte para refletir sobre a literatura e realizar algumas atividades:

- Refletir sobre a importância da leitura literária.
- Criar uma lista com suas obras preferidas.
- Escrever sua autobiografia de leitor.
- Organizar rodas de leitura e um sarau para compartilhar suas experiências leitoras.
- Escrever sinopses e resenhas críticas.
- Criar e inaugurar uma biblioteca volante.

De olho no tempo

É importante fazer um cronograma para o projeto. Converse com o professor e os colegas para avaliar o tempo necessário para desenvolver esse trabalho e determinar quantas aulas serão usadas. Marquem a data de início e pensem juntos na data em que pretendem inaugurar a biblioteca volante. Dividam o tempo entre as quatro etapas previstas, lembrando que nem todas as etapas exigem o mesmo tempo de execução.

Westend61/Getty Images

« Compartilhar experiências de leitura é uma forma de conhecer melhor as pessoas e aprender com elas.

Diário de bordo

O Diário de bordo é importante não apenas para registrar as atividades e as etapas concluídas, como também para ajudar na organização. As principais datas, os combinados coletivos, as sugestões para a criação da biblioteca volante, por exemplo, podem ser registrados nele.

ETAPA 1

Você se considera um leitor? Tem um autor preferido? Que livro mais gostou de ler? Nesta etapa você vai estudar a relação entre leitura literária e leitura de mundo.

Para o educador pernambucano Paulo Freire (1921-1997), o ato de ler amplia nossa possibilidade de ler o mundo. A leitura seria como uma ponte entre nós e o mundo. Por isso, aquilo que lemos diz tanto sobre nós: Você gosta de ler livros de mistério? Histórias de amor? Crônicas que contam fatos curiosos do dia a dia? Contos de terror? Mitos e lendas? Quadrinhos?

Leia abaixo um texto em que Paulo Freire comenta sua relação com a leitura.

O ATO DE LER

[...] A leitura do mundo precede a leitura da palavra, daí que a posterior leitura desta não possa **prescindir** da continuidade da leitura daquele. Linguagem e realidade se prendem dinamicamente. A compreensão do texto a ser alcançada por sua leitura crítica implica a percepção das relações entre o texto e o **contexto**. Ao ensaiar escrever sobre a importância do ato de ler, eu me senti levado — e até gostosamente — a "reler" momentos fundamentais de minha prática, guardados na memória, desde as experiências mais remotas de minha infância, de minha adolescência, de minha mocidade, em que a compreensão crítica da importância do ato de ler se veio em mim constituindo.

Ao ir escrevendo este texto, ia "tomando distância" dos diferentes momentos em que o ato de ler se veio dando na minha experiência existencial. Primeiro, a "leitura" do mundo, do pequeno mundo em que me movia; depois, a leitura da palavra que nem sempre, ao longo de minha escolarização, foi a leitura da "**palavramundo**".

A retomada da infância distante, buscando a compreensão do meu ato de "ler" o mundo particular em que me movia — e até onde não sou traído pela memória —, me é absolutamente significativa. Neste esforço a que me vou entregando, recrio, e revivo, no texto que escrevo, a experiência vivida no momento em que ainda não lia a palavra. Me vejo então na casa mediana em que nasci, no Recife, rodeada de árvores, algumas delas como se fossem gente, tal a intimidade entre nós — à sua sombra brincava e em seus galhos mais dóceis à minha altura eu me experimentava em riscos menores que me preparavam para riscos e aventuras maiores.

A velha casa, seus quartos, seu corredor, seu **sótão**, seu terraço — o sítio das **avencas** de minha mãe —, o quintal amplo em que se achava, tudo isso foi o meu primeiro mundo. Nele engatinhei, balbuciei, me pus de pé, andei, falei. Na verdade, aquele mundo especial se dava a mim como o mundo de minha atividade **perceptiva**, por isso mesmo como o mundo de minhas primeiras leituras.

prescindir não levar em conta, dispensar, não fazer uso.

contexto conjunto de circunstâncias que envolvem um fato e são imprescindíveis para o entendimento dele.

palavramundo palavra criada pelo autor para representar a relação entre a palavra e seu contexto, a palavra e seus sentidos no mundo.

sótão pavimento da casa entre o teto e o telhado; às vezes, utilizado como depósito.

avenca espécie de planta quase sempre ambientada em locais onde há calor, luminosidade, umidade e proteção contra o sol direto.

perceptiva que tem a capacidade de perceber, notar algo.

Os "textos", as "palavras", as "letras" daquele contexto – em cuja percepção me experimentava e, quanto mais o fazia, mais aumentava a capacidade de perceber – se **encarnavam** numa série de coisas, de objetos, de sinais, cuja compreensão eu ia apreendendo no meu trato com eles nas minhas relações com meus irmãos mais velhos e com meus pais.

[...]

FREIRE, Paulo. *A importância do ato de ler:* em três artigos que se completam. 23. ed. São Paulo: Autores Associados: Cortez, 1989. p. 9.

encarnavam tomavam corpo, tornavam-se realidade.

Você notou que nesse trecho Paulo Freire diz que antes mesmo de saber ler já somos leitores do mundo? Ele conta detalhes do ambiente onde passou a infância, ou seja, o contexto no qual começou a perceber as relações entre as palavras, as coisas e as pessoas com quem ele cresceu. Desde cedo conseguimos deduzir um sentido por meio do contexto e estamos nos formando para ler não apenas as palavras, mas o mundo.

Neste projeto, você e seus colegas vão descobrir quantas palavras e mundos diferentes podemos viver por meio das histórias e dos livros de literatura.

Clóvis Cranchi Sobrinho/Estadão Conteúdo/Agência Estado

O educador Paulo Freire desenvolveu um método de alfabetização de jovens e adultos que inspirou gerações de professores, principalmente na América Latina e na África. Foto de 1963.

Atividade 1

» Leia o fragmento a seguir, em que a socióloga francesa Michèle Petit comenta a relação que estabelecemos com a leitura.

Ler não nos separa do mundo. Somos introduzidos nele de uma maneira diferente. O mais íntimo tem a ver com o mais universal, e isso modifica a relação com os outros. A leitura pode contribuir, desse modo, para a elaboração de uma **identidade** que não se baseia no mero antagonismo entre "eles" e "nós", minha **etnia** contra a sua, meu **clã**, meu povo ou meu "território" contra o seu. [...]

PETIT, Michèle. *Leituras:* do espaço íntimo ao espaço público. São Paulo: Editora 34, 2013. p. 55.

identidade conjunto de características que distinguem uma pessoa ou uma coisa e por meio das quais é possível individualizá-la.

etnia comunidade ou grupo de pessoas caracterizadas por uma homogeneidade sociocultural, com língua, religião e costumes próprios.

clã grupo de famílias que descendem de ancestrais comuns.

a) Converse com os colegas sobre a frase: "Ler não nos separa do mundo". Vocês concordam com a autora ou não? Por quê?

b) Segundo Michèle Petit, a leitura contribui para desenvolver identidades que não se baseiam no antagonismo, ou seja, na contraposição, na diferença. Para que tipo de identidade você acha que a leitura pode nos preparar? Converse com os colegas e dê exemplos.

Atividade 2

» O ato de ler está representado na pintura ao lado. Observe com atenção a reprodução da tela, produzida no século XIX, no Brasil.

a) De que modo o ato de ler é apresentado na tela? Como você chegou a essa conclusão? Converse com os colegas.

b) Que imagem você usaria hoje se fosse representar alguém lendo com prazer? Por quê?

Reprodução/Acervo da Pinacoteca do Estado, São Paulo

Leitura, de Almeida Júnior, 1892 » (óleo sobre tela, 95 cm × 141 cm).

Atividade 3

» Leia o texto a seguir, que faz parte do capítulo 8 da obra *The invisible man*, escrita por H. G. Wells. Depois, converse com os colegas e responda às questões.

ON THE ROAD

Mr Thomas Marvel, a **tramp**, had removed his boots and was sitting by the roadside cooling his feet and looking pitifully at his toes. They were the best boots he had worn for a long time, yet he hated them for their ugliness and their size. "The ugliest boots in the whole world, I should think," he said.

"They're boots, anyhow," said a Voice.

"Yes," Mr Marvel agreed, "They were given to me. Too large. I'm tired of them. That's why I've been begging for boots, boots, boots everywhere, but no one has any to give away."

"H'm,", said the Voice.

"No. I've been begging for boots round here for ten years. I've got all my boots about here, and now look at them – they're the best they can find for me."

He turned his head over his shoulder to look at the boots of the speaker – but they weren't there. There were neither boots nor legs – nothing.

"Where are you?" he asked. He saw the road, the open country, but no sign of any man but himself.

"Am I mad? I must be seeing things."

"No, you aren't," said the Voice. "Don't be frightened."

"Frightened, frightened!" said Mr Marvel. "Come here. Where are you?"

"Don't be frightened", said the Voice.

"You'll be frightened soon. Let me get hold of you. Are you **buried**?"

There was no answer. Mr Marvel began to put on his coat.

"I could have sworn I heard a voice."

tramp mendigo.

buried enterrado, escondido.

"So you did."

"It's there again," said Mr Marvel, closing his eyes and drawing his hand across his forehead. "I must have gone mad."

"Don't be a **fool**," said the Voice.

"I-"

"One minute," said the Voice. "You think I'm just imagination – just imagination?"

"What else can you be?" said Mr Marvel, **rubbing** the back of his neck.

"Very well," said the Voice, "I'm going to throw **stones** at you till you think differently."

[...]

WELLS, H. G. *The invisible man*. Simplified by T. S. Gregory. London: Longman, 1993. p. 26-7.

fool tolo.
rubbing esfregando.
stones pedras.

a) Por que Mr Marvel estava insatisfeito?

b) Por que a "Voz" é escrita com letra maiúscula?

c) Considerando o título da obra, deduza: quem é a "Voz"?

d) De que modo a "Voz" se propõe a provar que não é fruto da imaginação de Mr Marvel? O que essa atitude diz sobre o personagem?

e) Retire do texto adjetivos que indiquem características, positivas e negativas, das botas usadas por Mr Marvel.

f) Vocês conhecem essa obra? Têm ideia de como a história continua? Como imaginam essa continuação?

Atividade 4

» Observe com atenção a capa do livro *The invisible man*, reproduzida ao lado. Depois converse com os colegas e responda às questões.

a) Considerando o título, os elementos visuais da capa dão alguma pista sobre o enredo do livro?

b) Que elementos de mistério podem ser identificados nessa capa?

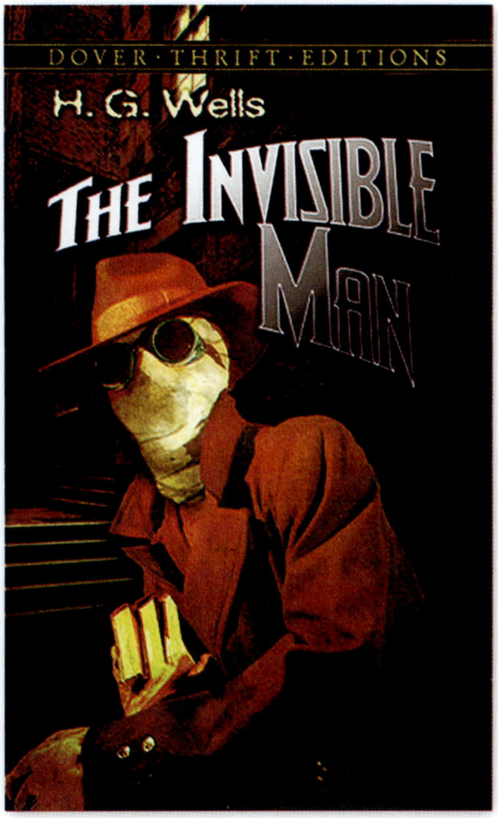

Reprodução/Editora Dover Thrift

Atividade 5

» O trecho a seguir pertence a um conto que tem como tema a chegada de uma estranha máquina a uma cidade do interior do Brasil. As perguntas vão ajudar você a refletir sobre a relação entre literatura e imaginação. Registre suas respostas no Diário de bordo.

A MÁQUINA

Você sempre pergunta pelas novidades daqui deste **sertão**, e finalmente posso lhe contar uma importante. Fique o compadre sabendo que agora temos aqui uma máquina **imponente**, que está entusiasmando todo o mundo. Desde que ela chegou – não me lembro quando, não sou muito bom em lembrar datas – quase não temos falado em outra coisa; e da maneira que o povo aqui se apaixona até pelos assuntos mais infantis, é de admirar que ninguém tenha brigado ainda por causa dela, a não ser os políticos.

A máquina chegou uma tarde, quando as famílias estavam jantando ou acabando de jantar, e foi descarregada na frente da Prefeitura. Com os gritos dos choferes e seus ajudantes (a máquina veio em dois ou três caminhões) muita gente cancelou a sobremesa ou o café e foi ver que **algazarra** era aquela. Como geralmente acontece nessas ocasiões, os homens estavam mal-humorados e não quiseram dar explicações, esbarravam propositalmente nos curiosos, pisavam-lhes os pés e não pediam desculpa, jogavam pontas de cordas sujas de graxa por cima deles, quem não quisesse se sujar ou se machucar que saísse do caminho.

Descarregadas as várias partes da máquina, foram elas cobertas com encerados e os homens entraram num botequim do largo para comer e beber. [...] Atribuímos essa esquiva ao cansaço e à fome deles e deixamos as tentativas de aproximação para o dia seguinte; mas quando os procuramos de manhã cedo na pensão, soubemos que eles tinham montado mais ou menos a máquina durante a noite e viajado de madrugada.

A máquina ficou ao **relento**, sem que ninguém soubesse quem a encomendou nem para que servia. E claro que cada qual dava o seu palpite, e cada palpite era tão bom quanto outro.

[...]

sertão no sentido usado no texto, o interior do país, longe do litoral.

imponente grandioso, que se impõe pelo tamanho ou pelo poder que detém.

algazarra barulho, bagunça.

relento sem teto, exposto à umidade da noite.

extraviada que se perdeu no caminho, que está perdida.

VEIGA, José J. A máquina **extraviada**. In: BOSI, Alfredo (Org.). *O conto brasileiro contemporâneo*. São Paulo: Cultrix, 1985.

a) Qual é a novidade contada pelo amigo?

b) O que há de inusitado, surpreendente, no fato narrado?

c) Que utilidade vocês imaginam que a máquina poderia ter?

d) É possível pensar em mais de um final para essa história? Discutam como e por que a literatura pode estimular nossa curiosidade e nossa criatividade.

Reprodução/Editora Bertrand Brasil

Reprodução/Editora Bertrand Brasil

ETAPA 2

Agora que você já refletiu um pouco sobre o papel da leitura e da literatura em geral, é hora de pensar sobre o lugar que a leitura literária ocupa na sua vida.

Todos temos uma história com a leitura: um livro que alguém lia para nós quando éramos pequenos; o primeiro livro que lemos sozinhos; o livro que nos despertou a vontade de ler mais livros do mesmo autor; um livro que desistimos de ler por ser difícil demais ou porque a história não correspondia ao que esperávamos dela.

Há aqueles que gostam de ler de tudo, adoram uma novidade. Há também quem só leia livros de certos temas e autores e quem adore as séries e sagas escritas para jovens. Há quem leia por prazer, quem leia por obrigação, porque acha importante; há quem leia sempre, há quem só leia quando o professor ou um colega indica um livro. Não importa o tipo de leitor que você é. Este é um projeto para todos os leitores!

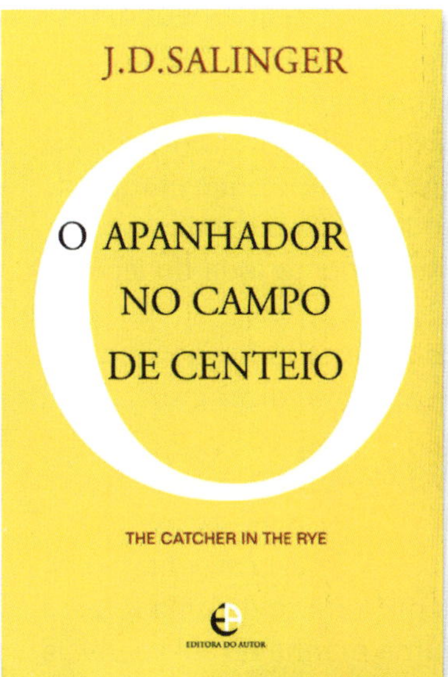

Reprodução/Editora do Autor

Reprodução/Editora Companhia das Letras/Companhia de Bolso

Reprodução/Martin Claret

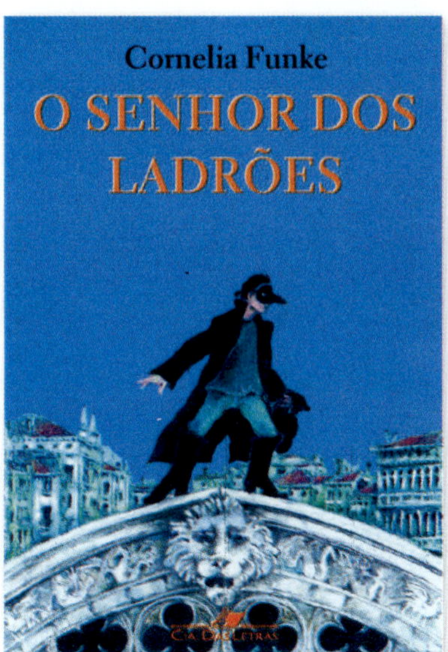

Reprodução/Editora Companhia das Letras

Reprodução/Editora Global

« A leitura literária desenvolve a criatividade e o espírito crítico.

Leia a seguir o trecho de um relato da escritora Lygia Bojunga sobre sua relação com a leitura.

LIVRO – EU TE LENDO

[...]

Eu tinha sete anos quando ganhei de presente um livro do Monteiro Lobato chamado ***Reinações de Narizinho***. Um livro grosso assim. Só de olhar pra ele eu me senti exausta. Dei um dos muito obrigada mais sem convicção da minha vida, sumi com o livro num canto do armário, e voltei pras minhas histórias em quadrinho.

Eu estava superfresquinha de recém ter aprendido a ler e andava às voltas com história em quadrinho. Era um pessoal legal, eu gostava deles, mas, sei lá! era uma gente tão diferente da gente. Eles moravam nuns lugares que eu nunca tinha ouvido falar; eles tinham cada nome tão estranho (às vezes até acabando com *h*!), como é? como é mesmo que se diz esse Flash? *Flachi? Flachi* Gordon? E se eu contava, por exemplo, eu hoje li que o Mandr*a*ke perdeu a cartola, tinha sempre alguém por perto aprendendo inglês pra querer mostrar que sabia mais que eu: não é assim que se diz, sua boba, é Mandr*ei*ke.

[...]

E aí o meu tio, que tinha me dado ***Reinações de Narizinho*** (e que era um tio que eu adorava), chegou lá em casa e quis saber, então? gostou do livro? Eu fiz uma cara meio vaga.

Passados uns tempos ele me cobrou outra vez, como é? já leu? Não tinha outro jeito: tirei o livro do armário, tirei a poeira do livro, tirei a coragem não sei de onde, e comecei a ler: "Numa casinha branca, lá no sítio do Picapau Amarelo..." E quando cheguei no fim do livro eu comecei tudo de novo, numa casinha branca lá no sítio do Picapau Amarelo, e fui indo toda a vida outra vez, voltando atrás num capítulo, revisitando outro, lendo de trás pra frente, e aquela gente toda do sítio do Picapau Amarelo começou a virar a minha gente.

Muito especialmente uma boneca de pano chamada Emília, que fazia e dizia tudo que vinha na cabeça dela. A Emília me deslumbrava! nossa, como é que ela teve coragem de dizer isso? ah, eu vou fazer isso também!

Mas longe de imaginar que eu estava vivendo o meu primeiro caso de amor.

[...]

Esse acordar da imaginação começou a mudar tudo. De repente, já não me bastava cantar junto a música que tocava no rádio só repetindo as palavras e mais nada. Eu me lembro de uma música que eu cantava sempre, e que falava numa tal Maria abrindo a janela numa manhã de sol e laralalá não sei o quê, mas que, agora, eu cantava querendo imaginar a janela: era verde? tinha veneziana? E a Maria como é que era? ela era gorda, ela era magra, ela tinha uma franja assim feito eu?

Na hora de pular amarelinha, a pedra que eu ia jogar já ficava no ar; a minha imaginação imaginando: e se em vez de jogar a pedra assim, eu jogo ela assim?

Mas o que a minha imaginação queria mesmo era voltar pr'aquele mundo encantado que o Lobato tinha criado, e ficar imaginando o tamanho e a cor da pedrinha que a Emília tinha engolido (e que não era pedrinha coisa nenhuma, era uma pílula falante); e ficar imaginando que jeito eu ia dar pra me encontrar com a Dona Aranha costureira, que tinha feito o vestido de casamento da Narizinho, e pedir pra, na hora do meu casamento, ela fazer o meu vestido também.

[...]

BOJUNGA, Lygia. *Livro – eu te lendo*. Disponível em: <www.ibbycompostela2010.org/descarregas/cp/Cp_IBBY2010_3-po.pdf>. Acesso em: 20 jul. 2018.

A escritora compara sua relação com os livros a casos de amor, pela dificuldade de se separar deles, por quanto amava relacionar aspectos da sua vida à história lida e também por quanto aquele livro era capaz de ampliar sua imaginação.

Agora você vai pensar na sua relação com os livros, realizando as atividades a seguir.

Atividade 1

» Vamos pensar sobre a sua relação com os livros a partir do início. Converse com um colega e registre em seu Diário de bordo:

a) O primeiro livro que você se lembra de alguém ter lido para você.

b) O primeiro livro que você leu sozinho.

c) O livro de que mais gostava em sua infância.

Atividade 2

» Agora, escreva uma lista com suas preferências de leitura atuais em seu Diário de bordo. Nela podem entrar, por exemplo:

- Romances (de amor, de terror, de suspense, de humor, sagas, etc.)
- Poemas
- Letras de música
- Contos
- Crônicas
- Peças de teatro
- Fábulas

Ilustrações: Banco de imagens/ Arquivo da editora

Atividade 3

» Você provavelmente já leu também textos em inglês e pode ser que tenha preferência por determinados autores e obras. Vamos explorar *sites* em que as pessoas publicam, em inglês, informações sobre obras literárias e também compartilham suas preferências.

a) Com orientação do seu professor, acesse o *site* usando a barra de busca de seu navegador da internet.

b) Explore o *site*, leia as avaliações e os comentários sobre as obras. Você pode procurar uma obra ou um autor que conheça e ler o que já escreveram sobre ele(a) e o modo como fizeram isso.

c) Escreva um parágrafo sobre algum livro ou autor que você tenha lido e publique-o no *site*.

Atividade 4

» Desta vez, a proposta é que você escreva sua autobiografia de leitor, contando sua relação com os livros no decorrer do tempo e descrevendo como ela é atualmente. Não é necessário que seja um texto longo, mas precisa contemplar o seu percurso como leitor. Algumas questões podem ajudar você nessa tarefa; veja Roteiro na página seguinte.

Roteiro

- Qual foi o primeiro livro de que você gostou? Como era a história? Por que gostou?
- Como você escolhe os livros que vai ler? Quem influencia suas escolhas?
- Você frequenta livrarias? E bibliotecas?
- Você compra livros físicos? E livros digitais?
- Você acessa *sites*, *blogs* ou vídeos sobre livros e leituras?
- Que tipo de história mais interessa a você? Por quê?
- Você se identifica com os personagens quando lê um livro? Como isso acontece?
- Você já mudou seu modo de pensar depois de ler um livro? Escreva sobre isso.
- Algum livro já ajudou você em algum momento difícil de sua vida? Como?
- Que livros você pretende ler no futuro? Tem uma lista? Quais são eles?

Blend Images/Getty Images

Refletir sobre nossas escolhas em uma autobiografia revela nossa identidade como leitor.

Atividade 5

Você já elaborou uma lista com suas preferências de leitura e também já escreveu sua autobiografia de leitor. Reúna-se com os colegas em trios ou quartetos e troque essas experiências com eles.

a) Conte aos colegas quais são seus livros preferidos e as razões que o levaram a essa escolha. Comente também algum aspecto que achar importante da sua autobiografia. Use o Diário de bordo como apoio à sua fala, se necessário.

b) Ouça também o que os colegas têm a dizer. Anote no Diário de bordo questões que lhe chamarem a atenção na fala deles.

Klaus Vedfelt/Getty Images

Atividade 6

» Agora que você já trocou algumas ideias em grupo, vamos montar um **sarau** para compartilhar com a comunidade alguns dos textos preferidos de vocês. Lembre-se de que podem ser escolhidos textos e canções em português ou inglês.

sarau encontro literário em que há leitura de textos, acompanhada de música tocada e/ou cantada. No passado, costumava ser realizado na casa de uma pessoa. Hoje também acontece em centros culturais e escolas, por exemplo.

a) Cada grupo deve selecionar os trechos de textos ou poemas que serão apresentados no sarau.

b) Cada grupo deve sugerir as canções que gostaria de apresentar.

c) Com a ajuda do professor, façam a seleção final das apresentações propostas e organizem as tarefas necessárias para a realização de um sarau. Todos devem participar!

d) Confeccionem convites e divulguem o sarau para toda a comunidade escolar, incluindo os pais e outros familiares.

COMO MONTAR UM SARAU

1. Decidam quando e onde será o sarau.
2. Estipulem a duração do sarau.
3. Determinem quem vai cuidar de receber e acomodar os convidados e quem vai conduzir o sarau, chamando e apresentando cada participante.
4. Façam um roteiro para o sarau, entremeando momentos de leitura com depoimentos e comentários sobre os trechos lidos.
5. Elaborem uma lista dos alunos que vão fazer apresentações, com o tempo que cada um terá.
6. Escolham canções que tenham relação com os textos que serão apresentados para ser cantadas. Quem souber tocar pode acompanhar a leitura com os instrumentos, tornando o sarau mais dinâmico.
7. Cuidem para que os trechos não sejam muito longos, para que o tempo estipulado não seja ultrapassado e para que não haja dispersão entre os participantes.
8. Se escolherem poemas, é possível decorá-los e recitá-los.
9. Se a escolha for por peças teatrais, combinem de ler as falas dos personagens ou mesmo de encenar um pequeno trecho da peça.
10. Criem um ambiente acolhedor, decorando a sala com objetos trazidos de casa, como pedaços de tecido para cobrir as mesas, almofadas coloridas, livros, vasos de flor.

Vocês vão precisar de

- um espaço para realizar o sarau, como a biblioteca da escola, um auditório ou uma sala de aula grande
- almofadas ou banquinhos para os convidados se sentarem
- trechos dos textos selecionados para a apresentação
- violão e outros instrumentos para aqueles que quiserem apresentar canções
- peças de tecido, cartazes com capas de livros e outros objetos para compor o ambiente

ETAPA 3

Você já leu a **sinopse** de um filme antes de ir ao cinema ou antes de começar a assistir ao filme numa plataforma de ***streaming***? Já buscou uma **resenha** de livro para conhecer o tema e avaliar se a leitura valeria a pena? Para saber mais sobre sinopses e resenhas, vamos realizar as atividades a seguir.

sinopse resumo em que constam as principais informações sobre uma obra.

streaming é uma forma de distribuição digital de conteúdo multimídia por meio da internet, em que não há necessidade de efetuar *downloads*. As informações são acessadas diretamente da internet.

resenha breve comentário crítico ou avaliação de uma obra que costuma conter o assunto e como ele é apresentado naquele livro.

Muitas pessoas consultam sinopses antes de escolher um livro para ler, nos *sites* de editoras e livrarias, em jornais, revistas ou mesmo nas contracapas dos livros. Ao lado, contracapa da obra *O mundo de Sofia*, de Jostein Gaarder. »

ÀS VÉSPERAS de seu aniversário de quinze anos, Sofia Amundsen começa a receber bilhetes e cartões-postais bastante estranhos. Os bilhetes são anônimos e perguntam a Sofia quem é ela e de onde vem o mundo. Os postais são enviados do Líbano, por um major desconhecido, para uma certa Hilde Møller Knag, garota a quem Sofia também não conhece.

O mistério dos bilhetes e dos postais é o ponto de partida deste romance fascinante, que vem conquistando milhões de leitores em todos os países onde foi lançado. De capítulo em capítulo, de "lição" em "lição", o leitor é convidado a percorrer toda a história da filosofia ocidental, ao mesmo tempo que se vê envolvido por um thriller que toma um rumo surpreendente.

NOVA TRADUÇÃO DIRETO DO NORUEGUÊS DE LEONARDO PINTO SILVA

SEGUINTE

Reprodução/Editora Companhia das Letras

ATIVIDADE 1

» Leia as quatro sinopses de livros a seguir. Responda às questões sobre elas no Diário de bordo.

QUATRO SINOPSES

Bad Blood

A fire in his father's restaurant sends detective Jay Kwan on a manhunt. Who started the fire, and why? The search takes him on a dangerous journey through Chinatown and into the past, where a dark and terrible secret awaits him. A secret about his own family...

LEATHER, Sue. *Bad Blood*. Boston: Heinle, 2011. Contracapa.

O flautista misterioso e os ratos de Hamelin

As histórias viajam no tempo e no espaço em busca de leitores que, com sua imaginação, lhes deem vida nova.

A lenda do flautista de Hamelin é uma dessas histórias que, surgida em um povoado europeu na Idade Média, rodou o mundo, conquistou leitores em vários países e agora finca raízes em solo brasileiro. Neste livro, o poeta Braulio Tavares reconta a lenda em forma de cordel, emprestando-lhe o sabor inconfundível do tradicional verso nordestino.

TAVARES, Braulio. *O flautista misterioso e os ratos de Hamelin*. Ilustrações de Mario Bag. São Paulo: Editora 34, 2006. Contracapa.

Reprodução/Editora 34

The Merchant of Venice

Bassanio wants to get married, but he has no money and a lot of debts. He asks his friend Antonio for a loan, but Antonio is waiting for his ships to return. Until then, he has nothing to lend. To help Bassanio, he borrows money from a money-lender – and agrees to an unusual condition. If Antonio cannot repay the loan in three months, the money-lender will cut a pound of flesh from his body. Will Antonio be able to repay the loan? Or will he die?

SHAKESPEARE, William. *The Merchant of Venice*.
Essex: Pearson, 2008. Contracapa.

Capitães da areia

Capitães da areia, a história crua e comovente de meninos pobres que moram num trapiche em Salvador e clássico absoluto dos livros sobre a infância abandonada, assombrou e encantou várias gerações de leitores e permanece hoje tão atual quanto na época em que foi escrito.

AMADO, Jorge. *Capitães da areia*.
Disponível em: <https://www.saraiva.com.br/capitaes-da-areia-ed-de-bolso-2624083.html>.
Acesso em: 1º ago. 2018.

a) Você já leu algum desses livros? O que achou dele?

b) Com base na leitura das sinopses, você se interessaria em ler algum deles? Qual ou quais? Por quê?

c) Qual das sinopses revela menos sobre o livro apresentado? E qual delas revela mais? Por quê?

d) Releia as sinopses escritas em inglês. Sobre elas, responda:
- Por que o personagem de *Bad Blood* vai a Chinatown?
- Como a família desse personagem está envolvida?
- Para qual grande evento Bessanio precisa de dinheiro?
- Qual é a condição do empréstimo?

e) Observe a linguagem utilizada nas sinopses e responda aos itens abaixo.
- No texto das sinopses predominam verbos em que tempo e modo?
- O que motiva essa escolha?
- Retire das sinopses alguns exemplos de adjetivos.
- Com que função os adjetivos foram usados nas sinopses? Explique.
- As sinopses apresentam detalhes sobre o enredo e os personagens? Por quê?

Atividade 2

» Agora é sua vez. Escolha um dos livros que tenha gostado de ler e escreva a sinopse dele em seu Diário de bordo. Essa sinopse será utilizada mais adiante, na montagem da Biblioteca volante.

a) Lembre-se de não revelar muito sobre o enredo.

b) Use os verbos predominantemente no presente do indicativo.

c) Aponte as qualidades da história que a fazem merecer ser lida.

Atividade 3

» A resenha é outro recurso muito utilizado para ajudar as pessoas a conhecer mais sobre determinado livro. Agora, você vai ler uma resenha e responder a algumas perguntas sobre ela. Registre suas respostas no Diário de bordo.

RESENHA

Obra: *Os Meninos da Rua Paulo*, de Ferenc Molnár

Resenha de Babimontec

Boka é o adolescente inteligente, leal, honesto e correto. Não é à toa que foi escolhido como o líder dos Meninos da Rua Paulo. Csónakos (fala-se Chônacoc) tem o assobio mais alto do mundo, sabe subir em árvores como ninguém e adora dar aquela **requintada** nas aventuras que vive com os rivais do grupo, os Camisas Vermelhas. Géreb, por sua vez, é um menino ambicioso que busca se destacar dentro do grupo (e nem sempre da maneira mais honesta). Já Nemecsek (Nêmechesk) é menino **franzino**, lourinho, ingênuo e medroso, que está sempre buscando provar o seu valor.

Eles, juntos com tantos outros integrantes dos Meninos da Rua Paulo, foram os responsáveis por mais de 40 mil exemplares vendidos e 800 reimpressões somente aqui no Brasil. Esse primeiro romance de Ferenc Molnár tornou-se um clássico da literatura húngara e conquistou os corações de muitos jovens e adultos. A história começa quando integrantes dos Camisas Vermelhas roubam as bolinhas de gude de Nemecsek, então Boka, que até aquele momento se manteve neutro, declara que chegou a hora de lutar a favor da honra dos Meninos da Rua Paulo. Essa cena do furto foi eternizada em uma escultura na Rua Práter (no bairro Józsefváros) em Budapeste, onde a história acontece.

Os Meninos da Rua Paulo é uma história que adota um fundo **atemporal** e universal ao falar sobre a amizade, sobre os sonhos de infância, que nos remete à nostalgia representada em histórias como ***It – A Coisa***, ***Stranger Things***, ***Os Batutinhas*** e ***Os Goonies*** e nos apresenta o doloroso processo de amadurecimento. E apesar de a história tratar o conflito entre os Meninos da Rua Paulo e os Camisas Vermelhas com referências e estratégias de guerras, até então presenciadas pela Hungria, vemos uma Budapeste de paz, ingênua e dando início a uma urbanização mais moderna, ainda com pedaços de terra abertos a grandes aventuras, como o Grund (uma espécie de pátio abandonado onde Boka, Csónakos, Géreb, Nemecsek se reúnem com seus amigos).

Os Meninos da Rua Paulo é aquele tipo de livro que a gente gosta tanto que fica torcendo para que realmente tenha sido real, não é à toa que até os dias de hoje há o mistério da existência desse grupo e evidências que confundem o leitor. O livro é quase todo escrito em 3ª pessoa, no entanto, existem três trechos que foram escritos em 1ª pessoa e deixam a dúvida: o autor fez parte dos meninos da Rua Paulo ou apenas se esqueceu que narrava a história em 3ª pessoa?

Disponível em: <http://ummetroemeiodelivros.com/2017/12/os-meninos-da-rua-paulo-ferenc-molnar/>. Acesso em: 21 jul. 2018.

requintada refinada, sofisticada, diferenciada.

franzino magro, frágil.

atemporal que não depende do tempo, que permanece significativo mesmo depois de muito tempo ter passado.

It - a coisa filme de terror lançado em 2017 baseado no livro de mesmo nome escrito por Stephen King em 1986.

Stranger Things série norte-americana de ficção científica e terror. Lançada em 2016, a trama acontece na década de 1980.

Os Batutinhas filme de comédia de 1994 que aborda as aventuras de um grupo de crianças em seu bairro.

Os Goonies filme de 1985 que mostra um grupo de jovens vivendo uma aventura após encontrar um mapa de tesouro.

a) Você já leu o livro resenhado, *Os meninos da Rua Paulo?*

b) Se ainda não o leu, ficou interessado em ler com base na resenha? Por quê?

c) Identifique três argumentos utilizados pela autora da resenha para justificar que o livro merece ser lido.

d) Dos argumentos apresentados, qual você considera mais forte para convencer as pessoas a ler o livro? Por quê?

Alamy/Fotoarena

Os personagens do livro *Os meninos da Rua Paulo*, do húngaro Ferenc Molnár (1878-1952), foram representados em esculturas em Budapeste, cidade natal do autor. A edição brasileira, traduzida por Paulo Rónai (1907-1992), faz sucesso até hoje.

e) Sobre a linguagem da resenha, responda:
- Que tempo e modo verbal predominam na resenha?
- O que motiva essa escolha?
- Assim como nas sinopses, há vários adjetivos utilizados na resenha. Dê exemplos desses adjetivos e indique sua função no texto.

f) A autora da resenha faz uso de várias referências externas ao livro para tratar dele (três filmes e uma série). Você acha que isso incentiva a leitura da obra? Por quê?

g) Segundo a autora da resenha, haveria um mistério envolvendo o livro, levantado pelo fato de o autor, em três passagens do livro, ter escrito a história em 1ª pessoa e não em 3ª pessoa, como no restante da obra. Por que, em sua opinião, ela finaliza a resenha expondo essa dúvida por meio de uma pergunta? Converse com um colega.

Atividade 4

» Agora, você vai escrever uma resenha. Você pode escrever a resenha do livro sobre o qual já fez a sinopse ou escolher outro para resenhar.

a) Lembre-se de abordar o enredo de modo geral, sem indicar o final nem fornecer detalhes que comprometam a surpresa da leitura.

b) Apresente os personagens e indique por que a obra deve ser lida.

c) Comente algumas passagens da obra, chamando a atenção para suas qualidades.

d) Se for o caso, use referências externas à obra para incentivar sua leitura, como a relação com outros livros de sucesso ou algum filme ou série de televisão.

e) Use os verbos predominantemente no presente do indicativo.

f) Capriche nos adjetivos que demonstrem ao leitor quanto a história é boa. O objetivo é que, depois de ler sua resenha, as pessoas tenham vontade de ler o livro.

g) Com a orientação do professor, exponha sua resenha para que outros possam ler, criando um mural na sala de aula.

ETAPA 4

Nesta etapa, você vai continuar a refletir sobre suas obras preferidas. Existem muitas formas de divulgar os livros que gostamos de ter lido e achamos interessante que outras pessoas tenham a oportunidade de ler também. Você já produziu sinopses e resenhas, que comentou com os colegas e divulgou nos murais, mas existem outras formas de divulgar. Você já ouviu falar dos *booktubers*? Eles produzem vídeos em que dão dicas de leitura e comentam sobre suas obras literárias preferidas. É possível conhecer o trabalho de alguns deles fazendo consultas à internet.

Reprodução/Eduardo Cilto/Perdido Nos Livros

Reprodução/Tamirez Santos/Resenhando Sonhos

Reprodução/Fernando Mesquita

Reprodução/Paola Aleksandra/Livros e Fuxicos

Os *booktubers* postam resenhas sobre livros em seus canais de vídeo.

Nesta etapa do projeto, você vai gravar vídeos curtos, como fazem os *booktubers*. Para isso, vamos realizar as atividades a seguir. As sinopses e resenhas que você elaborou, bem como os vídeos que vai produzir aqui, vão ser compartilhados na Biblioteca volante, a atividade final deste projeto.

ATIVIDADE 1

» O projeto Livro de cabeceira produziu vídeos curtos, de aproximadamente 3 minutos, em que escritores revelam seu livro favorito, o livro que os marcou e qual seria seu "livro de cabeceira", aquele que os acompanharia sempre, guardado ao lado de sua cama para ser relido.

a) Acesse a internet e conheça o projeto Livro de cabeceira.

Disponível em: <https://canalcurta.tv.br/series/serie.aspx?serieId=464>.

Acesso em: 12 set. 2018.

b) Escolha dois desses vídeos para assistir.

c) Converse com um colega sobre o que acharam do projeto. Discutam se ele incentiva a leitura e se é interessante conhecer o livro preferido de escritores.

d) Qual seria o seu "livro de cabeceira" e qual seria o do seu colega?

ATIVIDADE 2

» Agora é sua vez de criar um vídeo para divulgar o seu livro preferido. Nele, você vai responder à pergunta proposta neste projeto: Por que a leitura literária nos transforma? Para isso, você pode responder à pergunta de modo bastante concreto, indicando por que e de que modo a leitura do livro que você escolheu transformou você. O roteiro de questões a seguir pode ajudar a organizar suas ideias.

Roteiro

- Você passou a ver algo da realidade de modo diferente depois de ler esse livro?
- Você se emocionou com algo inesperado nesse livro?
- Conheceu uma realidade muito diferente da sua ou se reconheceu nela?
- Você se divertiu durante a leitura do livro?
- O final do livro surpreendeu você?
- Você conseguiu decifrar o mistério antes do fim e comprovar que estava certo na sua hipótese?

COMO FAZER UM VÍDEO PARA INDICAR UM LIVRO

Produza seu vídeo seguindo as etapas abaixo.

1. Prepare o que pretende falar sobre o livro. Se preferir, você pode escrever um roteiro e consultá-lo antes da gravação.

2. Faça um ensaio antes de gravar o vídeo e cronometre o tempo. O ideal é que o vídeo tenha cerca de 3 minutos de duração.

3. Escolha o equipamento que vai usar para a gravação de seu vídeo: pode ser um celular com câmera, um computador da escola com possibilidade de gravação, uma câmera fotográfica com a função de gravar vídeo.

4. Monte o cenário para a gravação, certificando-se de que a iluminação, a imagem e o som estejam adequados.

5. Grave seu vídeo e, se necessário, edite-o, corrigindo falhas que ele possa apresentar.

6. Salve seu vídeo e, posteriormente, verifique com o professor e os colegas onde será possível fazer o *upload* dele: no *site* da escola, num canal de postagem de vídeos na internet ou em um *vlog* criado por vocês.

upload ação de enviar um arquivo do computador do usuário para um servidor da internet.

vlog abreviação de *videoblog* (vídeo + *blog*), um tipo de *blog* em que os conteúdos predominantes são os vídeos.

Atividade 3

Você vai precisar de

- sua lista de livros preferidos
- uma caixa de sapatos para arquivar as sinopses
- uma caixa de sapatos para arquivar as resenhas
- papel colorido ou tecido para encapar as caixas de sapatos
- cola ou fita adesiva
- papel-cartão de cores diferentes nos quais serão escritas as sinopses e as resenhas
- tesoura sem pontas para recortar o papel-cartão

» Depois de elaborar sinopses e resenhas e de gravar um vídeo, chegou o momento de começar a montagem da Biblioteca volante. Primeiro vamos organizar as sinopses e as resenhas que você escreveu para que outras pessoas possam ter acesso a elas.

a) Retome a sinopse e a resenha que você elaborou e registrou em seu Diário de bordo nas Atividades 2 e 4 da Etapa 3 deste projeto.

b) Copie cada uma delas em cartões coloridos, separadamente.

c) Indique no alto do cartão o nome do livro e seu autor, além da editora que o publicou e a data de sua publicação.

d) Se quiser, você pode escolher mais alguns livros da sua lista de preferidos e escrever sinopses e resenhas deles também.

e) Lembre-se, os livros escolhidos podem ter sido escritos em português ou em inglês.

f) Montem as caixas onde serão guardadas as sinopses e as resenhas de todos vocês. Elas farão parte da Biblioteca volante.

Atividade 4

» Agora vamos organizar os livros que vão compor a Biblioteca volante.

a) Primeiramente, a partir das sinopses, das resenhas e dos vídeos que vocês criaram, pensem em quais serão os títulos que farão parte do acervo da Biblioteca volante.

b) Posteriormente, pensem em como conseguir os livros. Vocês podem organizar campanhas de doação dos livros selecionados ou mesmo arrecadar fundos com uma rifa ou um torneio esportivo e usar o dinheiro para a compra dos livros.

Biblioteca volante

Reprodução/Prefeitura da Cidade do Rio de Janeiro

Bibliotecas volantes podem funcionar em qualquer lugar e seus idealizadores usam a criatividade para expandir o acesso à leitura. Na foto, a Biblioteca volante João Antonio, da Prefeitura do Rio de Janeiro (RJ).

» É hora de montar a Biblioteca volante de vocês. Se é volante, pressupõe-se que possa mudar de lugar. Vocês podem utilizar, por exemplo, um carrinho de supermercado, um caixote grande, uma bicicleta adaptada ou outro suporte qualquer que a turma imaginar.

a) A ideia é que ela passe por lugares diferentes da escola e possa ser consultada por toda a comunidade escolar, incluindo funcionários, pais e familiares.

b) Para que a biblioteca cumpra sua função é importante que as pessoas saibam da sua existência. Divulguem a inauguração por meio de convites, cartazes e também no *site* da escola.

c) Para inaugurar a biblioteca, escolham um local e organizem o espaço.

d) Coloquem as caixas de sapatos com as sinopses e as resenhas perto dos livros. Assim, cada visitante pode escolher os livros pela capa, folheando-os ou lendo as indicações de vocês.

e) Usem um caderno para anotar o nome de quem emprestou o livro e a data em que pretende devolvê-lo.

f) Se possível, usem o *site* da escola para divulgar os vídeos que vocês produziram. Eles podem ajudar as pessoas a escolher os livros e a conhecer mais sobre a relação de vocês com essas obras.

g) Planejem o funcionamento e a manutenção da biblioteca. Definam dias e horários em que ela estará aberta em cada ponto estratégico da escola (quadra, pátio, entrada, etc.) e planejem um rodízio de responsáveis pelo atendimento dos interessados e pelo controle de entrada e saída dos livros.

» Para incentivar o uso da Biblioteca volante e despertar em mais pessoas o prazer da leitura, organizem uma exposição com trechos das autobiografias de leitor que vocês escreveram. É possível montar um mural móvel com esses trechos e deixá-lo exposto ao lado da Biblioteca volante.

Avaliação

Como foi, para você, discutir o poder de transformação da leitura literária?

- Gostou de compartilhar suas leituras?
- Se você não é um leitor frequente, pôde falar de suas dificuldades ao escrever sua autobiografia de leitor?
- Conheceu melhor seus colegas ao saber o que gostam de ler?
- Que parte do projeto foi sua preferida: a organização do sarau, a escrita de sinopses e resenhas, as rodas de conversa sobre suas leituras preferidas ou a produção do vídeo? Por quê?
- Foi fácil ou difícil conseguir os livros para a criação da Biblioteca volante?
- Você gostou do resultado final?
- A biblioteca já está sendo usada pelas pessoas?

Como divulgar

Como vocês poderiam divulgar a Biblioteca volante para mais pessoas?

- Combinando de deixá-la acessível nos pontos mais frequentados da escola, como perto da quadra ou na entrada, por exemplo?
- Postando os vídeos que vocês produziram em um *vlog* criado pela classe?
- Criando uma campanha de divulgação na escola, com cartazes e avisos no *site*, informando a todos, incluindo os demais professores e funcionários, que a biblioteca está funcionando e os horários em que está aberta?

DIÁRIO DE BORDO

Com a orientação do seu professor, é hora de fazer o registro final deste projeto no Diário de bordo. Você já organizou a lista de seus livros preferidos, escreveu sua autobiografia de leitor, fez o roteiro de vídeo com seu depoimento de como a leitura transformou você. Agora é hora de encerrar seu registro sobre este projeto.

- Escreva um relato de como foi o lançamento da Biblioteca volante.
- Cite alguns dos livros que fazem parte do acervo dessa biblioteca.
- Tire uma foto da biblioteca finalizada, mostrando o suporte onde os livros estão alojados e as caixas de sinopses e resenhas, e cole-a no Diário de bordo.
- Descreva o que sentiu ao finalizar este projeto e o impacto que imagina que ele possa ter em sua comunidade.

PROJETO 2

ENERGIA

› Como reduzir o consumo de energia?

Anton Petrus/Getty Images

Foto de aurora boreal num parque de produção de energia eólica, na Noruega, em 2016.

Introdução ao Projeto 2

Neste projeto, nosso objetivo é estudar a energia. O ponto de partida será a discussão sobre **o que é energia** e como ela se apresenta em nosso planeta. A partir desse conceito, chegaremos à discussão sobre a produção de energia e sobre como nos relacionamos com ela no dia a dia.

Esse tema está diretamente ligado à discussão de assuntos importantes, como o desenvolvimento humano e o uso de fontes de energia não renováveis, os limites tecnológicos atuais na produção energética, o consumo e a economia de energia. Você vai entrar em contato com teorias científicas que relacionam a energia ao Universo e também vai conversar sobre o consumo de eletricidade em sua casa e como melhorar a eficiência dos aparelhos domésticos que utilizam energia para funcionar. Todos esses conhecimentos serão compartilhados com sua comunidade ao final deste projeto.

Vamos usar conhecimentos de Ciência e Geografia para refletir sobre conceitos e desafios na utilização da energia. Neste projeto vamos realizar algumas atividades:

- Conhecer algumas definições de energia.
- Analisar esquemas e infográficos.
- Responder a questões sobre assuntos relacionados ao tema do projeto.
- Discutir dados sobre a matriz energética brasileira.
- Escrever sínteses de ideias retiradas da leitura de textos sobre o tema.
- Analisar os gastos energéticos de aparelhos domésticos.
- Propor um debate sobre alternativas para reduzir os gastos de energia elétrica.

pornpan chaiu-dom/Shutterstock

O uso consciente dos recursos energéticos é um dos desafios mais importantes de nosso tempo.

De olho no tempo

Com a ajuda do professor e dos colegas, defina um tempo para cada atividade. A montagem de um cronograma coletivo vai ajudar vocês a se organizarem. Marquem a data de início do projeto e pensem, juntos, na data em que pretendem apresentar suas ideias para a comunidade. Dividam o tempo restante entre as etapas previstas e lembrem-se de que nem todas requerem a mesma quantidade de tempo para serem executadas.

Diário de bordo

O Diário de bordo é um importante instrumento não apenas para registro das atividades realizadas e das etapas concluídas. Você deve utilizá-lo também para anotar conceitos e noções que surjam de suas pesquisas e discussões com os colegas e com o professor. Ele serve, ainda, para o registro de hipóteses que você venha a formular e que, mais adiante, queira verificar se estão corretas ou não.

ETAPA 1

O que uma erupção de vulcão, o movimento das águas de um rio e um raio em meio a uma tempestade têm em comum?

A princípio, pode parecer que nada permitiria aproximar fatos tão diferentes. Os cientistas afirmam, porém, que há algo que pode ser considerado comum nesse caso: a energia solar. Ela é responsável pelos fenômenos naturais que ocorrem em nosso planeta. O Sol é considerado a maior fonte de energia primária para a manutenção da vida, assim como é responsável por uma série de interações entre acontecimentos na natureza.

A discussão em torno da energia – conservação, consumo, descoberta de novas fontes e o impacto de seu uso sobre o ambiente – tem ocupado um espaço significativo na mídia. Você já deve ter lido ou ouvido algo sobre esse assunto, mesmo que não tenha se dado conta do problema como um todo: a necessidade humana de produzir energia cada vez mais barata e de forma menos agressiva ao meio ambiente.

Nas atividades a seguir você vai refletir sobre os usos de algumas fontes de energia.

Reprodução/ Maanasa Mendu

Reprodução/Cortesia da Discovery Education

A jovem estadunidense, de família indiana, Maanasa Mendu, de apenas 13 anos, inventou um dispositivo que gera energia quando atingido pelo vento ou por pingos de chuva (veja detalhe). Na foto maior, Maanasa apresentando seu trabalho (foto de 2016).

ATIVIDADE 1

» Leia agora um texto sobre alguns usos da energia solar. Depois responda às questões.

APLICAÇÕES DA ENERGIA SOLAR

Conheça as principais formas de aplicação da energia solar:

Microgeração urbana

Uma das aplicações da energia solar que mais estão em pauta atualmente é a **microgeração** urbana, que significa utilizar a energia solar para consumo próprio do imóvel onde as placas fotovoltaicas estão instaladas.

As placas solares não apenas proporcionam energia elétrica para o consumo residencial, como podem estar diretamente ligadas à rede de distribuição energética e injetar eletricidade nesta rede. Esta possibilidade gera novos modelos e oportunidades para a microgeração urbana.

No caso brasileiro, regulamenta-se a utilização de **créditos de carbono**, que permitem que o usuário troque a energia que sobrou durante os picos de produção por abatimentos em sua conta, nos momentos em que seu uso é maior que a produção de suas placas.

Outros modelos de negócio colaborativos entre o microgerador e a rede inteira podem ser formulados, no futuro, o que torna esta possibilidade um dos grandes pontos fortes entre todas as aplicações da energia solar.

microgeração geração de calor ou potência (energia) produzida por indivíduos, pequenas empresas ou comunidades, que tem baixo impacto no meio ambiente.

créditos de carbono são documentos (certificados) que algumas empresas, países ou pessoas compram quando elas poluem muito a atmosfera para compensar os males que causam ao meio ambiente.

Aquecimento solar

A utilização do aquecimento solar não corresponde, necessariamente, à geração de energia elétrica, mas é uma das formas mais populares de utilização da energia solar. Neste caso, utiliza-se a energia térmica do Sol para aquecer água – geralmente de uso residencial.

São diferentes tipos de sistema que circulam os fluidos através de placas que captam a energia e aquecem a água presente neles, sem gastar energia elétrica no processo.

Usinas solares

As usinas solares são versões em grande escala da utilização de placas fotovoltaicas, que reúnem grandes quantidades de placas com a intenção de gerar alta tensão e altos níveis energéticos disponíveis na rede elétrica.

Além das usinas de placas fotovoltaicas, há o modelo de usina heliotérmica, que funciona basicamente como usinas tradicionais que utilizam calor e vapor para movimentar turbinas que acionam geradores. Neste caso, o calor é recebido em diversas placas de captação solar, que concentram a captação destes diversos pontos em uma única central de aquecimento do fluido, que faz as turbinas funcionarem.

Dispositivos autônomos

Outra forma interessante de utilização da conversão solar em energia elétrica é a instalação de dispositivos autônomos, também chamados de autogeradores. Esses dispositivos podem ser bombas elétricas, irrigadores, postes de iluminação, ou qualquer outro aparelho exposto à luz solar, cuja demanda de eletricidade consiga ser suprida por placas solares.

No caso de um poste de iluminação autônomo, o funcionamento é igual ao de um poste regular, com a adição de uma placa fotovoltaica sobre ele e, se desejado, uma bateria de 12V para suprimento autônomo em momentos que não houver sol.

Geração de energia em locais remotos

Entre as aplicações da energia solar que mais apresentam vantagens, está a geração de energia elétrica em locais remotos. Zonas rurais ou de habitação em florestas muito distantes de sistemas de distribuição energética podem ser supridas pela instalação de placas fotovoltaicas em locais apropriados, garantindo energia de baixo custo de manutenção por cerca de 30 anos após a instalação.

PORTAL DA ENERGIA. *Aplicações da energia solar:* conheça as principais. Disponível em: <http://portaldaenergia.com/aplicacoes-da-energia-solar-conheca-as-principais/>. Acesso em: 17 set. 2018.

a) A microgeração de energia é uma boa alternativa para residências. Por quê?

b) Quando uma pessoa que possui uma casa com microgeração de energia solar gasta menos energia do que consome, o que ela pode fazer com a energia que "sobra", segundo o texto?

c) Segundo o texto, é possível captar a energia do aquecimento solar para aquecer a água utilizada em uma casa. Por que esse sistema ajuda a reduzir o consumo de energia elétrica?

d) Nas usinas solares, a energia captada pela luz solar é transformada em que tipo de energia para o consumo?

e) O que indica a denominação de "dispositivos autônomos" para alguns aparelhos que captam a energia solar?

f) O fato de algumas localidades estarem distantes de um sistema de fornecimento de energia elétrica faz com que uma alternativa para obter energia seja a captação da luz solar. Por quê?

Atividade 2

» Observe a imagem abaixo.

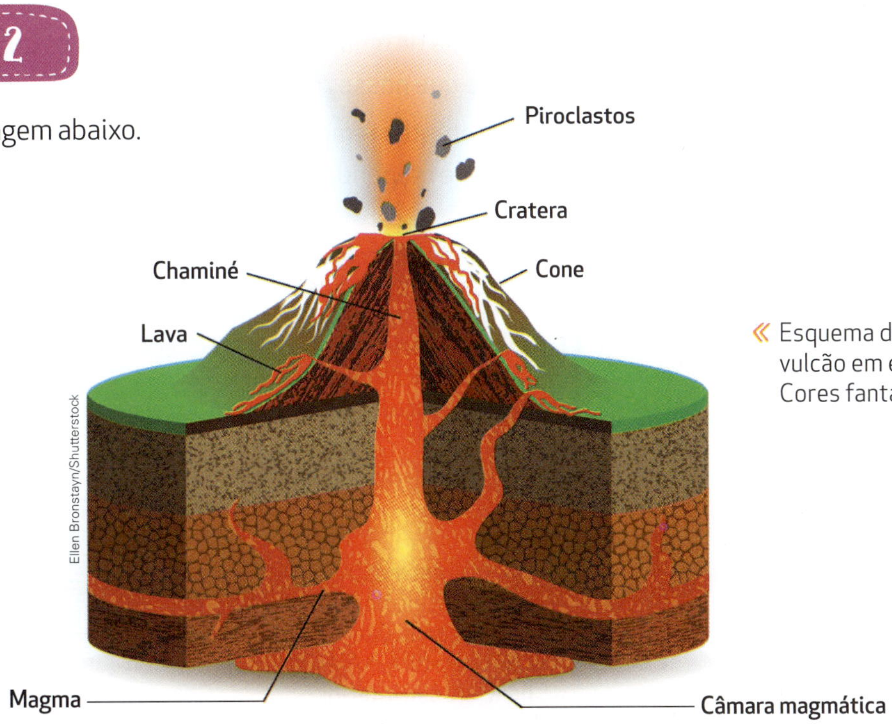

« Esquema de um vulcão em erupção. Cores fantasia.

Como você pode notar, trata-se do esquema de um vulcão em atividade. Essas estruturas geológicas podem produzir energia.

a) Com base na imagem, responda: Que tipo de energia você imagina que um vulcão produza? Escolha uma das alternativas abaixo e registre-a em seu Diário de bordo.

- Energia térmica
- Energia elétrica
- Energia fóssil

b) Converse com um colega. Formulem no Diário de bordo uma justificativa para a escolha feita. Depois, imaginem formas para a utilização dessa energia.

Se liga

Na tentativa de explicar a natureza da matéria, os filósofos antigos procuravam por um elemento comum, que funcionasse como uma substância a partir da qual todas as outras surgiriam. Esse papel foi desempenhado ora pela água, ora pelo ar, ora pelo fogo, ora pela terra. O filósofo Anaxágoras introduziu uma nova maneira de pensar a matéria, propondo que deveria haver na natureza algum tipo de "força" ou de "energia" (os *nuos*) que ligasse e, ao mesmo tempo, transformasse de infinitas maneiras todos os materiais que existem no mundo. Foi Aristóteles, um importante pensador grego, quem utilizou a palavra "*energeia*" com o significado de algo que "transforma", que "movimenta".

Atividade 3

» Quente ou frio? Conseguimos comparar dois objetos e dizer qual está mais quente ou mais frio; sabemos que temos de sair de casa agasalhados no inverno e com roupas leves no verão; sabemos que vamos nos queimar se tocarmos a chama de uma vela; e também sabemos que a camada fina de gelo que se forma na parede da lata indica que nosso refrigerante está bem gelado.

Percebemos facilmente os efeitos das diferentes temperaturas que nos cercam, mas o que de fato é temperatura? Observe as imagens a seguir e responda às questões.

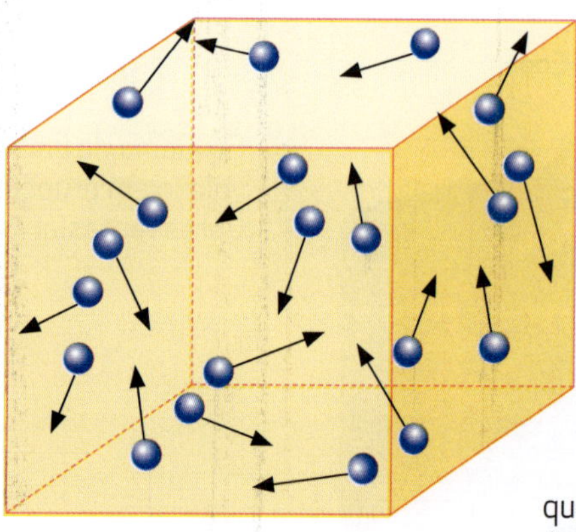

Banco de imagens/Arquivo da editora

« A imagem representa as moléculas de um gás dentro de um recipiente. Elas estão em constante movimento, de forma desordenada, em todas as direções. A variação desse movimento gera mudanças de temperatura no recipiente.

A imagem mostra o que acontece com uma bexiga quando diminui a temperatura do gás hélio em seu interior. »

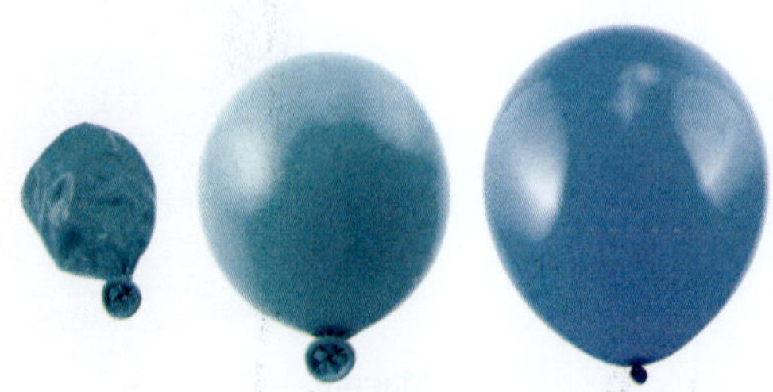

exopixel/Shutterstock

a) Considerando que não escapou gás pelo nó, ou por qualquer outra parte, por que a bexiga murcha quando fica mais fria? Discuta com seus colegas.

b) Tente relacionar o que foi discutido com os três estados da matéria que você já conhece (sólido, líquido e gasoso).

c) Escreva com suas palavras o que é temperatura.

Atividade 4

» Pense na sensação que temos quando estamos sentados ao lado de uma fogueira; no cuidado que devemos ter com as mãos ao tirar uma forma de bolo quente do forno; e no motivo pelo qual os alimentos congelados ficam em geladeiras baixas nos supermercados. Todos esses exemplos estão relacionados não só com a temperatura, mas também com a forma como essa temperatura é transferida de um corpo para o outro.

Calor

O nome que damos para a transferência de temperatura entre os corpos é calor. Calor é, basicamente, energia em movimento, e cada um dos exemplos dados anteriormente são métodos de transferência do calor.

- O calor pode ser transferido por **condução**, ou seja, uma molécula transfere sua vibração e velocidade para outra ao tocar nela.
- O calor também pode ser transferido por **convecção**, quando um gás ou líquido mais quente fica mais leve e, se o ambiente é fechado, ele sobe e "empurra" o gás ou líquido mais frio para baixo.
- Por fim, o calor pode ser transferido por **irradiação**, pois alguns corpos bem quentes conseguem transmitir a vibração de suas moléculas em forma de onda, que se propaga pelo vácuo.

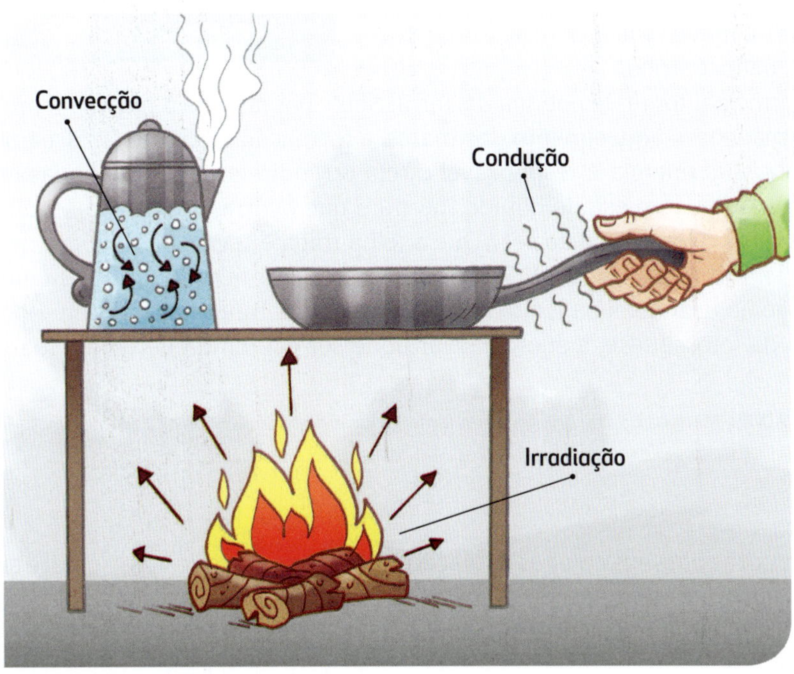

Primo da Cidade ilustras & Co./Arquivo da editora

» Com base no que você entendeu sobre as formas de transferência de calor:

a) Classifique os três exemplos dados no início desta atividade de acordo com o tipo de transferência de calor que ocorre em cada um. Escreva as conclusões no Diário de bordo.

- Fogueira
- Forma de bolo quente
- Geladeiras baixas no supermercado

b) Pense com seus colegas em outros exemplos cotidianos para cada tipo de transferência de calor.

c) Em sua opinião, qual é a forma de transmissão de calor que mais ocorre no Universo? Discuta com seus colegas.

Atividade 5

» Leia o texto a seguir, que trata da relação entre a energia solar e alguns fenômenos naturais.

Sol, primeira fonte de luz e de energia

lazyllama/Shutterstock

Ele já foi venerado como deus em várias culturas antigas, como nas civilizações inca e asteca no período da América pré-colombiana. Dá nome para um dos dias da semana nas línguas inglesa (Sunday) e alemã (Sonntag). Também foi motivo de acalorados debates científicos e religiosos quando, no século XVII, Galileu Galilei, retomando a teoria de Nicolau Copérnico, afirmou que o Sol estava no centro do Universo, revolucionando a Física, a Astronomia e toda a ciência com o chamado sistema heliocêntrico.

O Sol é a principal fonte de energia da Terra. Seu calor aquece o planeta e promove a formação de padrões climáticos, o aquecimento dos mares, a formação de correntes oceânicas e o movimento da atmosfera. Sua energia é responsável direta ou indiretamente por todas as formas de vida. Além de manter a água no estado líquido, permite que ocorra a fotossíntese, que virou poema na música de Caetano Veloso: "Luz do sol / Que a folha traga e traduz / Em verde novo / Em folha, em graça / Em vida, em força, em luz...". Esse processo – em que organismos como plantas e algas produzem oxigênio usando água e dióxido de carbono – é fundamental para toda a cadeia alimentar. Mas, além da fotossíntese, a energia solar pode ser capturada de outras maneiras, para outras finalidades.

ALVES, Mariana Castro. Sol, primeira fonte de luz e de energia. Revista *Pré-Univesp*, n. 61, dez. 2016/jan. 2017.

a) Agora, discuta com seus colegas a relação entre a energia que vem do Sol e sua importância para a existência da vida humana.

b) Formulem argumentos favoráveis ou contrários à ideia de que sem a energia solar não haveria vida na Terra com base em uma pesquisa em livros ou páginas da internet.

ETAPA 2

Agora que você já refletiu um pouco sobre o que é energia, vamos investigar como se organizam a produção, a distribuição e o consumo de energia em nosso país.

Para começar, vamos partir dos tipos de fontes energéticas disponíveis no Brasil e de como elas estão distribuídas no território nacional.

Fontes de energia

Há dois tipos de fonte de energia: as renováveis e as não renováveis.

Energia renovável – é aquela que utiliza recursos que se renovam na natureza, com pouca possibilidade de esgotamento. Exemplos: energia eólica e solar.

Energia não renovável – é aquela que utiliza recursos da natureza que se formam ao longo de milhões de anos e podem se esgotar. Exemplo: combustíveis fósseis (carvão, petróleo).

ATIVIDADE 1

» O cartum revela um posicionamento crítico e bem-humorado sobre o problema da geração de energia pelo homem. Em dupla, discuta com um colega a crítica presente no cartum com base nestas perguntas:

Mike Peters/King Features Syndicate/Ipress

Disponível em: <http://kingfeatures.com/>. Acesso em: 22 out. 2018.

a) Quais são as fontes de energia citadas pelo personagem?

b) Das fontes citadas, quais vocês acreditam que sejam renováveis e quais não?

c) Por que o personagem afirma que a energia solar é inviável? A que interesses esse posicionamento se associa?

d) Qual é o posicionamento de vocês diante do problema exposto pelo cartum?

ATIVIDADE 2

» Matriz energética é toda a energia disponibilizada para ser transformada, distribuída e consumida nos processos produtivos e de consumo. É, portanto, uma representação da quantidade e dos tipos de recursos energéticos oferecidos por uma região ou mesmo por um país. Compreender como se estrutura a matriz energética brasileira é fundamental para que se possa decidir os rumos da política energética, essencial para o desenvolvimento econômico e social do país.

Veja a seguir um comparativo entre a matriz energética do Brasil e a do mundo no ano de 2016:

Matriz energética mundial

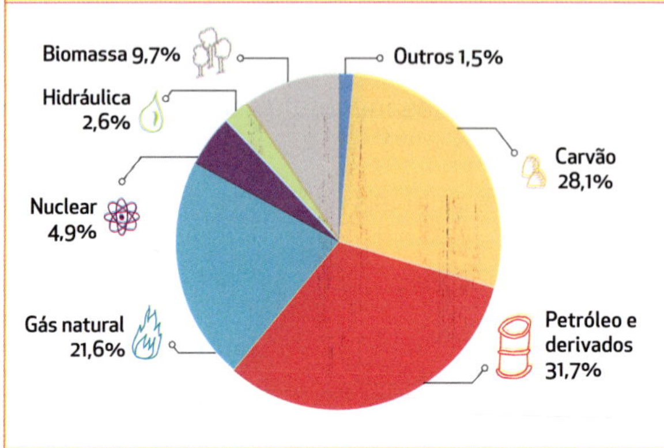

Matriz energética brasileira

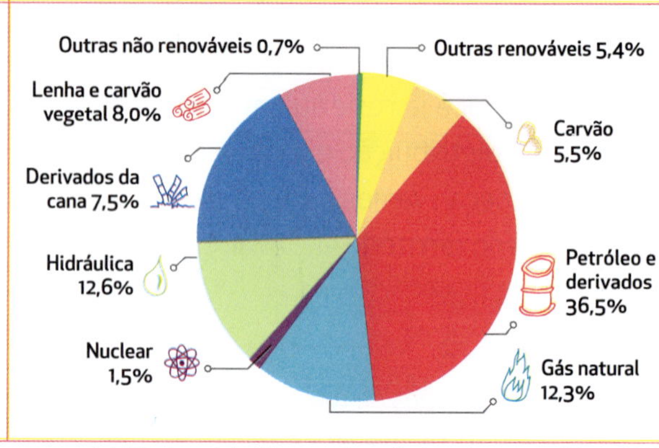

Banco de imagens/Arquivo da editora

MINISTÉRIO de Minas e Energia. Disponível em: <www.epe.gov.br/pt/abcdenergia/matriz-energetica-e-eletrica>. Acesso em: 21 ago. 2018.

a) Após a leitura dos gráficos, escreva em seu Diário de bordo três parágrafos que comparem os percentuais de:

- dependência brasileira e mundial de energia nuclear.
- produção de hidroeletricidade brasileira e mundial.
- utilização de gás natural pelo Brasil e pelo mundo.

b) Depois, com seus colegas, formule hipóteses para explicar por que a matriz energética brasileira é altamente renovável em comparação com a matriz mundial.

Atividade 3

» Leiam o mapa a seguir, que mostra a distribuição de usinas hidrelétricas no Brasil.

Brasil: usinas hidrelétricas

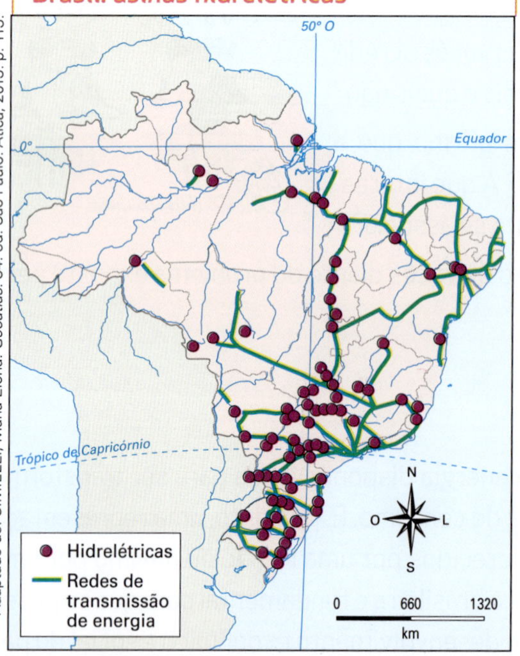

Adaptado de: SIMIELLI, Maria Elena. *Geoatlas*. 34. ed. São Paulo: Ática, 2013. p. 113.

Banco de imagens/Arquivo da editora

a) Pesquisem se existe uma usina hidrelétrica no estado em que vocês moram. Escrevam o nome dela no Diário de bordo.

b) Observem a distribuição dessas usinas por região. O que vocês notaram? A distribuição é uniforme?

c) Por que motivo vocês acham que isso acontece?

Atividade 4

» Na tabela a seguir estão relacionadas as diversas fontes de energia que fazem parte da matriz energética brasileira e da mundial.

a) Copie a tabela em seu Diário de bordo.

b) Com os colegas e o professor, distribua as fontes de energia a serem pesquisadas entre os grupos.

c) Feita a pesquisa, cada grupo apresenta para a turma os dados encontrados.

d) Conforme forem sendo feitas as apresentações de cada grupo, vá preenchendo a tabela em seu Diário de bordo com a descrição de como cada uma das fontes de energia funciona e os pontos positivos e negativos de cada uma.

Fontes de energia Síntese			
Tipos de fonte	**Descrição**	**Pontos positivos**	**Pontos negativos**
Biomassa			
Carvão mineral			
Eólica			
Gás natural			
Geotérmica			
Hidráulica			
Mares e oceanos			
Nuclear			
Petróleo			
Solar			

e) A quais conclusões você chega ao observar que cada uma das alternativas de fontes de energia tem aspectos tanto positivos como negativos?

ETAPA 3

Você já conheceu a matriz energética brasileira, já conversou sobre os pontos positivos e negativos de cada fonte de energia e assim adquiriu uma noção sobre como a energia elétrica chega a sua casa.

A distribuição da energia elétrica para todos os locais públicos da cidade, para as empresas e para as residências é feita pelas distribuidoras de energia elétrica, que recebem a energia gerada pelas usinas hidrelétricas e a transporta por linhas de transmissão.

Na outra ponta desse processo está o consumidor, que utiliza a energia elétrica para várias atividades em seu dia a dia e paga por esse serviço. Vamos conhecer um pouco como se dá esse consumo e discutir o que podemos fazer para evitar o desperdício desse recurso.

Atividade 1

» A seguir, você verá três imagens que refletem os usos da energia elétrica na iluminação noturna. Compare-as e discuta com seus colegas as questões propostas.

Iluminação noturna da Europa obtida de imagens de satélite (2016).

Iluminação noturna dos Estados Unidos obtida de imagens de satélite (2016).

Imagens: NASA Earth Observatory images by Joshua Stevens, using Suomi NPP VIIRS data from Miguel Román, NASA's Goddard Space Flight Center

Simulação, com base em imagens de satélite, de como seria a iluminação noturna em todo o globo ao mesmo tempo (2016).

a) Quais são as áreas mais iluminadas e o que elas têm em comum?

b) O que essa diferença de iluminação nos permite deduzir?

Atividade 2

» Em grupo, faça uma pesquisa sobre três modelos de produção de energia: hidrelétrica, termoelétrica e nuclear. Consulte livros e internet e registre a pesquisa no Diário de bordo.

a) Como funciona uma usina hidrelétrica?

b) Como funciona uma usina termoelétrica?

c) Como funciona uma usina nuclear?

Você pode fazer os registros na forma de texto ou de esquema.

Atividade 3

» Que informações sobre consumo aparecem em uma fatura de energia elétrica?

a) Analise a fatura ao lado e encontre os dados solicitados na tabela a seguir.

b) Copie a tabela em seu Diário de bordo e preencha-a com os dados solicitados.

PARANÁ

Unidade Consumidora: 00000000

RONALDO DA SILVA ALVES
R ARARUNA, 1730 - Q01 LT02
CEP 87302014 CAMPO MOURAO - PR
CPF 00000000000

Vencimento: 09/03/2018
Valor a Pagar: R$ 175,57

Responsavel pela manutencao da Iluminacao Publica: Municipio 4435253833

Reaviso de Vencimento

Informações Técnicas

No. Medidor: 00000000000 - MONOFASICO — Mes Referencia: 02/2018

Leitura Anterior	Leitura Atual	Medido	Constante de Multiplicacao	Total Faturado	Consumo Medio/Dia	Data Apresentacao
17/01/2018 6423	16/02/2018 6639	30 dias 216 kWh	1,00	216 kWh	7,20 kWh	15/02/2018

Proxima Leitura Prevista: 16/03/2018 — RESIDE/RESIDENCIAL

Indicadores de Qualidade — 4S [1.5.22.0]

Conjunto: SANTOS DUMONT — Mes 12/2017 — Tensao Contratada: 127 volts

	DIC	FIC	DMIC	EUSD (R$)
Realizado Mensal:	0,00 h	0,00	0,00 h	44,75
Limite Mensal:	5,19 h	3,23	2,94 h	
Limite Trimestral:	10,38 h	6,47		
Limite Anual:	20,77 h	12,95		

Limite faixa adequada de Tensao: 117 - 133 volts

MES	01/18	12/17	11/17	10/17	09/17	08/17	07/17	06/17	05/17	04/17	03/17	02/17
CONS	220	234	216	210	216	213	242	204	190	166	199	200
PGTO	29/01	19/12	11/12	27/10	26/09	29/08	26/07	26/06	29/05	28/04	10/04	02/03

Valores Faturados

NOTA FISCAL CONTA DE ENERGIA ELETRICA no. 7036034 Serie B
Emitida em 16/02/2018

Produto Descricao	Un.	Consumo	Valor Unitario	Valor Total	Base de Calculo	Aliq ICMS
01 ENERGIA ELETRICA CONSUMO	kWh	216	0,692083	149,49	149,49	29,00%
02 CONT ILUMIN PUBLICA MUNICIPI				26,08		

Base de Calculo do ICMS: 149,49 | Valor ICMS: 43,35 | Valor Total da Nota Fiscal: 175,57

Composicao dos Valores	
Energia	53,86
Distribuicao	30,00
Transmissao	5,23
Tributos	54,34
Encargos	6,06
TOTAL	149,49

Reservado ao Fisco
E0D2.0E49.FD49.18D7.ABAB.5AB6.5916.4955

INCLUSO NA FATURA PIS R$ 1,96 E COFINS R$ 9,03, CONFORME RES. ANEEL 130/2005
A PARTIR DE 01/02/2018 - PIS/PASEP 1,16% e COFINS 5,34%
Atraso superior a 45dias sujeita inclusao no cadastro de inadimplentes CADIN/PR
Agora e possivel recorrer a Ouvidoria da Copel pelo Site ou Mobile.
A qualquer tempo pode ser solicitado o cancelamento de valores nao relacionados a prestacao do servico de energia eletrica, como convenios e doacoes.
Periodos Band.Tarif.: Verde: 18/01-16/02

Dirceu Portugal/Fotoarena

Potência elétrica

A capacidade de um aparelho de transformar a energia elétrica em outra forma de energia (um secador de cabelo, por exemplo, transforma a energia elétrica em energia térmica) chama-se **potência elétrica**.

kWh quilowatt-hora é a unidade de medida watt utilizada por hora de consumo. Um watt-hora é a quantidade de energia necessária para alimentar uma carga com potência de 1 watt durante 1 hora.

Nome do contratante do serviço	
Energia elétrica consumida (em kWh)	
Composição dos valores	
Valor por kWh	
Valor total da fatura	

Atividade 4

» Quanta energia consome cada eletrodoméstico e qual seu impacto na fatura mensal? Analise com atenção os dados da tabela a seguir.

Consumo médio mensal dos principais aparelhos eletrodomésticos

Aparelho	Potência média (watts)	Número estimado de dias de uso/mês	Tempo médio de uso por dia	Consumo médio mensal (kWh)	Gasto mensal (R$)*
Aparelho de som	20	30	4 h	2,4	0,84
Ar-condicionado	3500	30	8 h	360,0	126,00
Aspirador de pó	1000	30	20 min	10,0	3,50
Cafeteira elétrica	100	30	1 h	30,0	10,50
Chuveiro elétrico	3500	10	40 min	70,0	24,50
Ferro elétrico	1000	12	1 h	12,0	4,20
Freezer	400	30	10 h	120,0	42,00
Forno à resistência	1500	30	1 h	45,0	15,75
Micro-ondas	1300	30	20 min	13,0	4,55
Geladeira – 1 porta	200	30	10 h	60,0	21,00
Geladeira – 2 portas	300	30	10 h	90,0	31,50
Lavadora de louças	1500	30	40 min	30,0	10,50
Lavadora de roupas	1500	12	30 min	9,0	3,15
Secadora de roupas	3500	12	1 h	42,0	14,70
Torneira elétrica	3500	30	30 min	52,0	18,20
Ventilador	100	30	8 h	24,0	8,40

*Cálculo realizado com média do custo do kWh de R$ 0,35, sem impostos. Custo do consumo de energia elétrica dos eletrodomésticos. Disponível em: <https://www.oeconomista.com.br/custo-do-consumo-de-energia-eletrica-dos-eletrodomesticos/>. Acesso em: 17 set. 2018.

Com base nessas informações, avalie o gasto de energia elétrica em sua casa.

a) Informe-se sobre o valor médio do custo do kWh, sem impostos, que é cobrado pela distribuidora de energia em sua região.

b) Calcule, inicialmente, com a ajuda do professor, o consumo médio mensal dos eletrodomésticos a partir dos dados de potência (descritos no próprio equipamento) e do tempo médio de uso de cada um deles em sua casa.

c) Utilizando os dados obtidos e o valor médio do custo do kWh, calcule o gasto mensal de cada eletrodoméstico.

d) Anote os dados em seu Diário de bordo e faça uma comparação com os números de seus colegas.

Atividade 5

» Vamos agora pensar em medidas para economizar energia elétrica? Inicialmente, leia o texto a seguir.

a) Em seguida, em seu Diário de bordo, faça uma lista das iniciativas que você acha que poderiam ser adotadas em sua casa e na sua escola. Você pode aproveitar as dicas dadas no texto, adaptá-las ou considerar outras ações adequadas para sua realidade.

b) Depois, troque algumas ideias com seus colegas e considere as alternativas pensadas por eles.

c) Por fim, com a ajuda do professor, os grupos em conjunto devem elaborar uma lista única que reúna todas as propostas.

DICAS PARA ECONOMIZAR ENERGIA

1. Com a iluminação:

- utilizar cores claras na pintura de paredes internas e do teto;
- utilizar a iluminação de acordo com o tamanho e a finalidade do ambiente;
- aproveitar ao máximo a iluminação natural;
- estudar a possibilidade de abrir novas janelas em pontos estratégicos da casa; por desinformação das pessoas na hora de construir, acabamos por perder grandes oportunidades de aproveitar a energia do Sol, que é de graça. Isso vale também para novos projetos;
- utilizar lâmpadas fluorescentes em ambientes que necessitam de maior iluminação (duas lâmpadas fluorescentes de 20 watts iluminam mais que uma incandescente de 100 watts).

2. Com o chuveiro:

- no verão, deixar a chave na posição "verão";
- estudar a possibilidade de instalar um aquecedor de água que utilize energia solar. Atualmente esses aquecedores estão com preços mais acessíveis e necessitam de baixa manutenção.

3. Com a geladeira:

- fazer o degelo periodicamente;
- evitar colocar alimentos ainda quentes. Se não for possível esfriá-los por completo, colocá-los na parte inferior da geladeira;
- a geladeira não deve ficar próxima de lugares quentes, como fogão ou a janela em que bate sol;
- não deixar a porta aberta por muito tempo;
- verificar a vedação da porta. Um teste simples consiste em colocar uma folha de papel entre a porta e a geladeira. Se, ao fechar a porta, a folha de papel puder ser retirada com facilidade, as borrachas de vedação não estão mais em bom estado.

4. Com os equipamentos elétricos:

- não deixar transformadores (ex: 110/220) ligados na tomada desnecessariamente. Mesmo fora de uso, eles consomem energia.
- utilizar o ferro de passar roupa uma única vez, deixando acumular uma quantidade razoável de roupa. Você pode também alisar com as mãos as roupas logo ao tirá-las do varal. Isso reduzirá o tempo de utilização do ferro;
- utilizar a máquina de lavar roupa/louça uma única vez, deixando acumular uma quantidade razoável de peças;
- tirar os aparelhos eletrônicos da tomada quando estiverem fora de uso, principalmente a televisão e o videocassete.

UFSCar. Programa de eficiência e racionalização no uso de energia. *Dicas rápidas para economizar energia.* Disponível em: <http://www.ufscar.br/~perene/dicas.htm>. Acesso em: 17 set. 2018.

Ilustrações: Banco de imagens/Arquivo da editora

ATIVIDADE FINAL

DEBATE COM A COMUNIDADE SOBRE ALTERNATIVAS PARA REDUZIR O CONSUMO DE ENERGIA ELÉTRICA

» É hora de pôr em prática todos os conhecimentos adquiridos para transformar alguns hábitos comuns em muitas casas!

A ideia é chamar os pais e a comunidade para um evento cujo tema seja a **redução do consumo de eletricidade**. Organize o evento com seus colegas.

a) Consultem a direção da escola sobre a data mais adequada.

b) Confeccionem convites e cartazes para a divulgação do evento e distribuam-nos pela comunidade.

c) Reservem um espaço adequado para que os convidados se sintam confortáveis.

d) Criem cartazes com os dados de pesquisa sobre a matriz energética brasileira e mundial para ser expostos no local do evento. Eles também podem ser usados durante as apresentações das ideias.

e) Algumas informações importantes e provocativas também podem ser veiculadas nos convites para o evento.

f) Preparem as falas e decidam que alunos vão apresentar as ideias. O objetivo é mostrar para a plateia que a geração de energia não é infinita e precisamos rever alguns hábitos para otimizar nosso consumo de energia.

g) Lembrem-se de que é importante discutir mudanças de comportamento na rotina doméstica. Comentem com os convidados que a economia de energia elétrica também significa economia de dinheiro, uma vez que ela se reflete em uma conta mais barata.

h) Após a apresentação, abram um debate com os participantes da comunidade. Lancem uma ou duas questões iniciais para aquecer o debate com a plateia. Respondam às questões e garantam espaço para todos que quiserem se posicionar.

i) Dois ou três alunos podem ficar responsáveis pela anotação dos comentários e por organizar a ordem das falas. Outros dois ou três alunos podem ficar responsáveis por fazer a conclusão no encerramento do debate.

j) É possível pensar em algumas questões para iniciar o debate e estimular a participação da plateia, como: Você fica atento à sua conta de luz? Poderia mudar alguns hábitos em seu consumo de energia? Já tinha pensado nos limites da produção de energia?

» Se algumas ideias puderem ser aplicadas ao dia a dia de algumas famílias, vocês devem ficar muito satisfeitos por terem realizado uma intervenção consciente para o bem do planeta!

PopTika/Shutterstock

« A energia que consumimos não é infinita.

Avaliação

Como foi para você discutir com os pais, responsáveis e a comunidade alternativas para a diminuição do consumo de energia elétrica?

- Gostou de participar da discussão?
- Conseguiu apresentar propostas de modo claro? Foi entendido pelos ouvintes?
- Sentiu-se representado pela fala de algum colega?
- Entrou em contato com opiniões diferentes das suas?
- Qual foi seu momento preferido no evento: a exposição de ideias ou a discussão com os convidados? Por quê?
- O espaço estava bem organizado? Havia informações selecionadas por você e seus colegas em cartazes?
- Você gostou do resultado final?

Como divulgar

Como vocês poderiam divulgar o debate realizado para mais pessoas?

- Gravando alguns trechos do debate e divulgando por meio do *site* da escola?
- Transformando algumas conclusões do debate em pequenos textos que pudessem ser transmitidos via aplicativos de mensagens de celular?
- Colocando cartazes com o resultado do debate em espaços de grande circulação na escola ou no bairro?

DIÁRIO DE BORDO

Com a orientação do professor, é hora de fazer o registro final deste projeto em seu Diário de bordo. Você já anotou vários momentos de pesquisa e de conversas com seus colegas sobre os temas energia e consumo. Agora, você deve encerrar registrando seus últimos apontamentos sobre este projeto.

- Escreva um relato de como foi a organização do debate.
- Cite algumas falas de colegas e convidados que pareçam interessantes.
- Tire uma foto do debate e cole-a no Diário de bordo.
- Descreva o que sentiu ao finalizar este projeto e o impacto que imagina que ele possa ter em sua comunidade.

PROJETO 3

PATRIMÔNIO MATERIAL E IMATERIAL

› Quais são os patrimônios culturais da sua região?

Marco Antonio Sá/Pulsar Imagens

Grupo Jongo de Piquete, em Piquete (SP). Foto de 2007.

Marcio Jose Bastos Silva/Shutterstock

Vista do centro histórico de Olinda (PE). Foto de 2018.

Cesar Diniz/Pulsar Imagens

Roda de capoeira em Ruy Barbosa (BA). Foto de 2014.

Munique Bassoli/Pulsar Imagens

Ruínas da Igreja de São Miguel Arcanjo, em São Miguel da Missões (RS). Foto de 2017.

O jongo, a roda de capoeira, o centro histórico de Olinda e as ruínas de São Miguel das Missões são alguns dos patrimônios culturais do Brasil.

Introdução ao Projeto 3

Você já ouviu falar de patrimônio cultural? Sabe o que é um patrimônio cultural material? E um patrimônio cultural imaterial? Sabe quais são os patrimônios culturais de sua região?

Durante o trabalho com o projeto, você vai descobrir a resposta para essas e outras questões sobre os patrimônios culturais brasileiros e vai produzir, com seus colegas, um almanaque sobre os patrimônios da região em que vivem.

Vamos usar conhecimentos de Língua Portuguesa e Arte para realizar várias atividades:

- Estudar os patrimônios culturais brasileiros.
- Analisar textos verbais e visuais sobre os patrimônios.
- Pesquisar os patrimônios de sua região.
- Levantar dados e selecionar informações relevantes para a escrita do almanaque.
- Criar um almanaque para divulgação dos patrimônios de sua região.
- Fazer o lançamento do almanaque para a comunidade.

De olho no tempo

Como o projeto tem várias etapas, é importante elaborar um cronograma para organizar as tarefas e viabilizar sua realização sem atropelos. Converse com o professor e os colegas para definir o número de aulas que será destinado a ele. Faça com a turma um cartaz com o cronograma ou, individualmente, uma anotação no Diário de bordo para acompanhar os prazos de cada etapa. Juntos ainda, escolham a data para o lançamento do almanaque. O professor pode ajudá-los na divisão e na gestão do tempo.

Luciana Whitaker/Pulsar Imagens

« A preservação dos patrimônios culturais possibilita seu estudo e a compreensão de seu valor para a identidade brasileira. Na foto, estudantes assistem a uma congada em frente à Igreja Nossa Senhora do Rosário, ambos patrimônios culturais do Brasil. Tiradentes (MG), foto de 2014.

Diário de bordo

O Diário de bordo tem papel fundamental na organização do projeto. Use-o para registrar informações, dados coletados em pesquisas e entrevistas e outras descobertas sobre o tema. Reserve uma página para o cronograma do projeto a fim de acompanhar a realização e os prazos das etapas.

ETAPA 1

Você sabe o que significa **patrimônio**? Em geral, essa palavra é usada para designar os bens de família, a herança familiar. Quando falamos de **patrimônio cultural**, porém, estamos nos referindo ao conjunto de bens, construções de valor histórico e artístico, manifestações populares, tradições, festas, crenças, tanto materiais quanto imateriais, reconhecidos por sua importância histórica e cultural na vida de um país, região, localidade ou comunidade.

Marcos Amend/Pulsar Imagens

O Santuário do Bom Jesus de Matozinhos, em Congonhas (MG), é um dos patrimônios materiais do Brasil. Foto de julho de 2018.

No Brasil, o órgão responsável pelo **tombamento** de patrimônios é o Instituto do Patrimônio Histórico e Artístico Nacional (Iphan). Os bens tombados de natureza **material** podem ser imóveis, como as construções das cidades históricas, sítios arqueológicos, como o do Parque Nacional Serra da Capivara (PI), e paisagísticos, como a paisagem da cidade do Rio de Janeiro (RJ); ou podem ser bens móveis, como coleções de artefatos recuperados por arqueólogos, acervos museológicos, documentais, bibliográficos, videográficos, fotográficos e cinematográficos, ou seja, coleções de obras de arte, documentos, livros, vídeos, fotografias e filmes.

Inicialmente, vamos estudar os patrimônios materiais do Brasil. Na Etapa 2, estudaremos os patrimônios imateriais.

tombamento ato de reconhecimento do valor histórico de um bem, transformando-o em patrimônio oficial público e instituindo um regime jurídico especial de propriedade, que leva em conta sua função social e garante o respeito à memória do local.

A noção de patrimônio cultural foi sendo transformada no decorrer do tempo. Paralelamente à noção de bens individuais, passou-se a considerar a existência de bens de valor coletivo, importantes histórica e culturalmente para determinada comunidade, para um país e mesmo para o mundo.

A CONVENÇÃO

A Convenção do Patrimônio Mundial, aprovada em 1972, inscreve-se dentre as mais bem-sucedidas estratégias da **Unesco** para a preservação da diversidade dos povos, de suas culturas e territórios, em que, em última instância, estão assentados os fundamentos do respeito, da tolerância e de um desenvolvimento social e culturalmente equilibrado. Em 1977, o Brasil aderiu à Convenção e, entre 1980 e 2001, dezessete sítios culturais e naturais brasileiros foram inscritos na Lista do Patrimônio Mundial, resultando, nos dias atuais, em um painel bastante representativo da riqueza cultural e natural do país.

WERTHEIN, Jorge. Apresentação. In: SILVA, Fernando Fernandes da. *As cidades brasileiras e o patrimônio cultural da humanidade*. 2. ed. São Paulo: Peirópolis/Edusp, 2012. p.15.

Unesco sigla de United Nations Educational, Scientific and Cultural Organization (Organização das Nações Unidas para a Educação, a Ciência e a Cultura).

Quando um patrimônio é reconhecido, seja pelo órgão brasileiro responsável por isso, o Iphan, seja, posteriormente, pelo órgão internacional, a Unesco, a ideia é que ele passe a ser objeto de cuidado e ações de preservação a fim de garantir que seu valor histórico e cultural para determinada comunidade seja transmitido para as gerações futuras e não corra risco de desaparecer.

Muitos patrimônios culturais materiais do Brasil são também reconhecidos como patrimônios culturais mundiais pela Unesco: os centros históricos de Ouro Preto (MG), Diamantina (MG), Olinda (PE), Salvador (BA), São Luís (MA) e Goiás (GO), as ruínas de São Miguel das Missões (RS), a cidade de Brasília (DF), o Santuário do Bom Jesus de Matozinhos (MG), o Parque Nacional da Serra da Capivara (PI), a praça São Francisco, em São Cristóvão (SE), as paisagens da cidade do Rio de Janeiro (RJ), a Pampulha, em Belo Horizonte (MG), e o Cais do Valongo, no Rio de Janeiro (RJ).

As cataratas, no Parque Nacional do Iguaçu, são um dos patrimônios naturais do Brasil. Foto de janeiro de 2017.

Marcos Amend/Pulsar Imagens

Um patrimônio tombado atrai festivais de música, exposições de arte e eventos culturais, o que aumenta o fluxo de visitantes interessados no turismo cultural e favorece a economia local.

Atividade 1

» Você já ouviu falar no Cais do Valongo, na cidade do Rio de Janeiro? Leia a seguir um texto do Iphan que apresenta o Cais do Valongo como patrimônio mundial cultural do Brasil. Depois, reflita sobre as questões propostas e registre as conclusões no Diário de bordo.

Cais do Valongo – Rio de Janeiro (RJ)

Principal porto de entrada de africanos escravizados no Brasil e nas Américas, o Cais do Valongo, localizado no Rio de Janeiro (RJ), passou a integrar a Lista do Patrimônio Mundial da Organização das Nações Unidas para a Educação, a Ciência e a Cultura (UNESCO) em 1º de março de 2017. O Brasil recebeu perto de quatro milhões de escravos, durante os mais de três séculos de duração do regime escravagista. Pelo Cais do Valongo, na região portuária da cidade, passaram cerca de um milhão de africanos escravizados em cerca de 40 anos, o que o tornou o maior porto receptor de escravos do mundo.

A inclusão nessa lista representa o reconhecimento do seu valor universal excepcional, como memória da violência contra a Humanidade representada pela escravidão, e de resistência, liberdade e herança, fortalecendo as responsabilidades históricas, não só do Estado brasileiro, como de todos os países membros da Unesco. É, ainda, o reconhecimento da **inestimável** contribuição dos africanos e seus descendentes à formação e desenvolvimento cultural, econômico e social do Brasil e do continente americano.

inestimável que não se pode estimar, que tem um valor enorme, incalculável.

Revelado, em 2011, durante as obras do Porto Maravilha, que abrange uma área de 5 milhões de metros quadrados, o Cais foi construído em 1811 pela Intendência Geral de Polícia da Corte do Rio de Janeiro. O objetivo era retirar da Rua Direita, atual Rua Primeiro de Março, o desembarque e comércio de africanos escravizados que eram levados para as plantações de café, fumo e açúcar do interior do Estado e de outras regiões do Brasil. Os que ficavam na capital, geralmente eram os escravos domésticos ou aqueles usados como força de trabalho nas obras públicas.

Em 2012, a prefeitura do Rio de Janeiro acatou a sugestão das Organizações dos Movimentos Negros e, em julho do mesmo ano, transformou o espaço em monumento preservado e aberto à visitação pública. O Cais do Valongo passou a integrar o Circuito Histórico e Arqueológico da Celebração da Herança Africana, que estabelece marcos da cultura afro-brasileira na região portuária, ao lado do Jardim Suspenso do Valongo, Largo do Depósito, Pedra do Sal, Centro Cultural José Bonifácio e Cemitério dos Pretos Novos.

Cais do Valongo – Rio de Janeiro (RJ). *Iphan*. Disponível em: <http://portal.iphan.gov.br/pagina/detalhes/1605/>. Acesso em: 23 jul. 2018.

Jose Lucena/Futura Press

Sítio arqueológico do Cais do Valongo, Rio de Janeiro (RJ), foto de 2017.

a) Converse com seus colegas sobre as razões que levaram ao tombamento do Cais do Valongo.

b) De que modo esse tombamento pode contribuir para a memória da escravidão no Brasil?

c) Que atividades vocês proporiam que fossem realizadas no entorno do Cais do Valongo para ampliar o reconhecimento e a visibilidade desse importante patrimônio?

ATIVIDADE 2

» Em 1924, um grupo de artistas brasileiros, incluindo a pintora Tarsila do Amaral e os escritores Oswald de Andrade e Mário de Andrade, visitou as **cidades históricas mineiras**. Maravilhado com as obras de Antonio Francisco Lisboa, o Aleijadinho (1738-1814), e de Manoel da Costa Ataíde (1762-1830), o grupo se empenhou pela criação de um órgão com projetos de recuperação da memória nacional.

Em 1937, foi fundado o Serviço de Patrimônio Histórico e Artístico Nacional (Sphan), atual Instituto do Patrimônio Histórico e Artístico Nacional (Iphan). No ano seguinte, 1938, Ouro Preto foi uma das primeiras cidades mineiras tombadas por esse órgão. Foi também a primeira cidade brasileira a receber o título de Patrimônio Cultural Mundial, conferido pela Unesco em 1981.

Inspirada pela viagem, Tarsila do Amaral produziu uma obra que se pode contemplar a seguir.

cidades históricas mineiras
cidades de Minas Gerais que, por sua relevância histórica e cultural, são consideradas patrimônios culturais brasileiros. Apresentam construções erguidas no século XVIII, no auge do período da mineração do ouro no Brasil. Entre elas estão Ouro Preto, Tiradentes, Congonhas, Mariana e São João del Rei.

a) Com base no modo como as construções estão dispostas na obra, como você pode descrever a topografia da cidade de Ouro Preto?

b) O uso das cores chama sua atenção nessa obra? Que sensações provocam as cores usadas pela artista?

c) Que edificações retratadas no desenho se relacionam à ideia de patrimônio cultural?

Reprodução/ © Tarsila do Amaral Empreendimentos

« *Paisagem de Ouro Preto*, de Tarsila do Amaral, 1924 (lápis e aquarela sobre papel, 16,20 cm × 22,60 cm).

Atividade 3

» Leia trechos de cartas trocadas entre os escritores Mário de Andrade e Manuel Bandeira sobre a admiração de ambos pelas cidades históricas mineiras.

CARTAS ENTRE MÁRIO E MANU

São Paulo, 31 de março de 1928.

Manu.

Andei esperando até agora a carta comprida que você me deve em resposta da minha e contando as coisas de Minas como que viu e sentiu. Como achou o Aleijadinho? Eu por mim tenho cada vez mais admirações por ele. Acho mesmo que é um verdadeiro gênio. Você reflita no tempo e nas condições dele e dentro da paisagem mineira, a solução de igreja que o Aleijadinho inventou e me diga! [...]

E agora **ciao**. Lembrança aí e um abraço

Mário.

Pouso Alto, 5 de abril de 1928.

Mário.

Nossas últimas cartas se cruzaram.

A minha viagem pelas velhas cidades mineiras me deixou maravilhado. Hei de voltar com vagar a Ouro Preto e São João Del Rei, – Deus permita! – para rever e contemplar à vontade toda aquela beleza [...] Para mim ninguém encosta no Brasil com o Aleijadinho nem em artes plásticas nem nas outras. É sem menor dúvida o artista de maior força que tivemos. O arquiteto me entupiu de emoção. Puxa, naquelas linhas já tão minhas conhecidas do **Barroco**, dar aquela impressão de novidade e criação. [...]

M.

MORAES, Marco Antonio de (Org.). *Correspondência Mário de Andrade e Manuel Bandeira*. São Paulo: Edusp/Instituto de Estudos Brasileiros, Universidade de São Paulo, 2000. p. 382-384.

ciao saudação em italiano que foi aportuguesada para "tchau".

Barroco estilo artístico que marcou a arquitetura, a escultura e a pintura ocidental, entre a última década do século XVI e a primeira metade do século XVIII. O Barroco mineiro se desenvolveu, principalmente, na antiga cidade de Vila Rica, hoje Ouro Preto.

a) Você conhece a obra de Aleijadinho? Em caso afirmativo, concorda com as observações dos escritores sobre a beleza e a importância dessa obra?

b) Uma das razões da admiração de Mário de Andrade por Aleijadinho é ele ter conseguido produzir tanto "no tempo e nas condições dele e dentro da paisagem mineira". O que Mário de Andrade quis dizer com essa afirmação? Pesquise a vida e a obra desse artista e depois converse com um colega: Você concorda com ela? Por quê?

c) Para Manuel Bandeira, Aleijadinho, que nasceu em 1738, seria o maior artista brasileiro surgido até aquele momento, 1928. Você conhece outros artistas? Há algum artista em sua região que mereceria reconhecimento? Converse com um colega sobre isso e, depois, exponha sua opinião para os demais colegas.

Rubens Chaves/Pulsar Imagens

No Santuário do Bom Jesus de Matozinhos, em Congonhas (MG), encontra-se uma das obras mais marcantes do Aleijadinho: o conjunto de doze profetas esculpidos em pedra-sabão, representado na imagem ao lado pelo profeta Ezequiel. Foto de julho de 2016. »

ETAPA 2

Não são apenas edifícios e bens móveis e imóveis que compõem o patrimônio cultural de um país. Os **patrimônios culturais imateriais** desempenham um importante papel na valorização e preservação da identidade de um povo.

O frevo, um dos patrimônios culturais imateriais do Brasil, nasceu do improviso dos passistas de Carnaval e da reinvenção nos blocos de rua. Na foto de 1957, passista de frevo em rua do Recife (PE).

Marcel Gautherot/Acervo Instituto Moreira Salles

PATRIMÔNIO IMATERIAL

Os bens culturais de natureza imaterial dizem respeito àquelas práticas e domínios da vida social que se manifestam em saberes, **ofícios** e modos de fazer; celebrações; formas de expressão cênicas, plásticas, musicais ou lúdicas; e nos lugares (como mercados, feiras e santuários que abrigam práticas culturais coletivas). A Constituição Federal de 1988, em seus artigos 215 e 216, ampliou a noção de patrimônio cultural ao reconhecer a existência de bens culturais de natureza material e imaterial.

Nesses artigos da Constituição, reconhece-se a inclusão, no patrimônio a ser preservado pelo Estado em parceria com a sociedade, dos bens culturais que sejam referências dos diferentes grupos formadores da sociedade brasileira. O patrimônio imaterial é transmitido de geração em geração, constantemente recriado pelas comunidades e grupos em função de seu ambiente, de sua interação com a natureza e de sua história, gerando um sentimento de identidade e continuidade, contribuindo para promover o respeito à diversidade cultural e à criatividade humana.

A Organização das Nações Unidas para a Educação, a Ciência e a Cultura (Unesco) define como patrimônio imaterial "as práticas, representações, expressões, conhecimentos e técnicas – com os instrumentos, objetos, artefatos e lugares culturais que lhes são associados – que as comunidades, os grupos e, em alguns casos os indivíduos, reconhecem como parte integrante de seu patrimônio cultural". Esta definição está de acordo com a Convenção da Unesco para a **Salvaguarda** do Patrimônio Cultural Imaterial, **ratificada** pelo Brasil em março de 2006.

Para atender às determinações legais e criar instrumentos adequados ao reconhecimento e à preservação desses bens imateriais, o Iphan coordenou os estudos que resultaram na edição do Decreto nº 3551, de 4 de agosto de 2000 – que instituiu o Registro de Bens Culturais de Natureza Imaterial e criou o Programa Nacional do Patrimônio Imaterial (PNPI) –, e consolidou o **Inventário** Nacional de Referências Culturais (INRC).

Em 2004, uma política de salvaguarda mais estruturada e sistemática começou a ser implementada pelo Iphan a partir da criação do Departamento do Patrimônio Imaterial (DPI). Em 2010 foi instituído pelo Decreto nº 7387, de 9 de dezembro de 2010, o Inventário Nacional da Diversidade Linguística (INDL), utilizado para reconhecimento e valorização das línguas portadoras de referência à identidade, ação e memória dos diferentes grupos formadores da sociedade brasileira.

Patrimônio Imaterial. *Iphan*. Disponível em: <http://portal.iphan.gov.br/pagina/detalhes/234>. Acesso em: 24 jul. 2018.

ofícios trabalhos que exigem um conhecimento específico e o desenvolvimento de uma habilidade técnica.

salvaguarda conjunto de medidas tomadas por um organismo público ou privado para garantir a preservação de um bem.

ratificada confirmada.

inventário documento em que se acham inscritos e descritos bens.

O reconhecimento dos patrimônios imateriais é fundamental para dar voz a grupos não letrados ou que historicamente tenham sido marginalizados. É importante também para dar reconhecimento a ofícios e festividades que marcam a cultura de uma comunidade, como o Círio de Nazaré, no Pará, a capoeira e o samba de roda, na Bahia, o frevo, em Pernambuco, e a arte kusiwa, um sistema de representação gráfica dos povos indígenas Wajãpi, do Amapá.

Atividade 1

» Para conhecer mais o patrimônio cultural material e imaterial, você vai assistir a uma videoaula e tomar notas com base no roteiro a seguir. Use seu Diário de bordo para fazer o registro. Depois de realizada a atividade, o professor vai propor uma data para que você compartilhe suas anotações com os colegas.

COMO FAZER A BUSCA DA VIDEOAULA E ANOTAR OS PONTOS INDICADOS

Use um computador com acesso à internet e siga os passos abaixo.

1. Digite o título da videoaula na barra de busca de seu navegador: "Patrimônio cultural: conceito (parte 1)". Este é um vídeo do portal Saber Tecnologias Educacionais e Sociais, um grupo de pesquisa da Universidade Federal de Pernambuco.
2. Antes de assistir à videoaula, leia a seguir os itens de que precisará tomar nota.
3. Acompanhe a videoaula com seu Diário de bordo e um lápis ou caneta em mãos. Sempre que precisar fazer anotações, pause o vídeo. Para facilitar, tome notas em forma de tópicos, usando palavras-chave.
4. Depois de assistir ao vídeo todo, retome suas anotações e verifique se registrou todos os itens indicados no roteiro. Se não, retome as passagens do vídeo que abordam os temas que ficaram sem o registro adequado.
5. Fique à vontade para selecionar e anotar algum item que não esteja no roteiro, mas que tenha chamado sua atenção, e não deixe de justificar sua escolha.

Siga o roteiro para o registro da videoaula.

a) Anote qual é a noção corrente de patrimônio cultural e qual é a noção de patrimônio cultural atualmente.

b) Indique qual é a classificação possível para os patrimônios.

c) Explique a origem da palavra "patrimônio".

d) Aponte quando e onde o conceito de patrimônio imaterial é incorporado às cartas patrimoniais da Unesco e quando ocorre no Brasil o reconhecimento da noção de patrimônio imaterial.

e) Indique por que o reconhecimento de patrimônios materiais e imateriais revela a complexidade e a diversidade de um país.

f) Registre um item da videoaula que tenha chamado a sua atenção.

Atividade 2

» Um dos patrimônios culturais imateriais do Brasil reconhecido como patrimônio cultural mundial é a arte kusiwa, dos Wajãpi, povos indígenas do Amapá.

A pintura corporal e a **arte gráfica** desses povos apontam para **mitos de origem** e um modo próprio de conceber o universo.

Os Wajãpi pintam composições de padrões kusiwa nas costas, na face e nos braços.

A pintura corporal não é feita apenas em ocasiões especiais, mas todos os dias, e é transmitida pelos adultos aos mais jovens enquanto se pintam.

Leia a seguir o mito de origem dos Wajãpi e observe alguns padrões gráficos que representam a anaconda, *moju kã'gwer*.

arte gráfica arte visual, que trabalha com padrões por meio de figuras ou desenhos.

mitos de origem narrativas de transmissão oral, cujos protagonistas são deuses, semideuses, seres sobrenaturais e heróis que representam o surgimento de um povo.

Funções simbólicas e comunicativas da arte gráfica kusiwa

[...]

De acordo com a tradição oral, no centro da pequena terra originária havia um grande **lajedo** de pedra onde vivia um ser poderoso e muito temido que foi morto pelos humanos. Ao morrer, entretanto, transformou-se numa imensa cobra, a anaconda – ou *moju*, na língua wajãpi. Os primeiros homens abriram o cadáver e extraíram seus **excrementos**, que eram todos coloridos. Organizaram uma festa e disseram para seus convidados se pintarem com as cores deixadas pela anaconda. Estes assim o fizeram e, enfeitados, dançaram e cantaram. Quando terminaram, uma parte dos convidados foi embora, voando. Eram os primeiros pássaros, com suas **plumagens** diferenciadas. Ao se distanciarem dos humanos que ficaram na terra, pousaram numa imensa árvore **sumaumeira**, de onde se espalharam por todas as direções, levando consigo as águas que correm nos rios e **igarapés** da terra.

Já os homens, que ficaram no centro da terra, aprenderam as danças dos peixes e os cantos dos pássaros, além dos nomes das cores, que designam as plumagens variadas das aves. Ao observarem a ossada e a pele da anaconda morta, viram as espinhas dos peixes que ela havia comido e assim descobriram os padrões com os quais continuam até hoje a decorar seus corpos e seus artefatos, em composições infinitas.

[...]

Dossiê Iphan 2 – Wajãpi. *Iphan*. p. 12-13. Disponível em: <http://portal.iphan.gov.br/uploads/publicacao/PatImDos_PinturaCorporalArteGraficaWajapi_m.pdf>. Acesso em: 24 jul. 2018.

simbólicas que utilizam símbolos, representações que, em determinada cultura, apresentam valor místico.

lajedo leito de rocha de um regato.

excrementos resíduos sólidos (fezes) ou líquidos (urina, suor, etc.) expelidos pelo organismo humano ou animal.

plumagens conjuntos de penas de ave.

sumaumeira árvore de grandíssimo porte, nativa da África e da América do Sul.

igarapés pequenos rios ou canais estreitos que só dão passagem a igaras ou pequenos barcos; riachos.

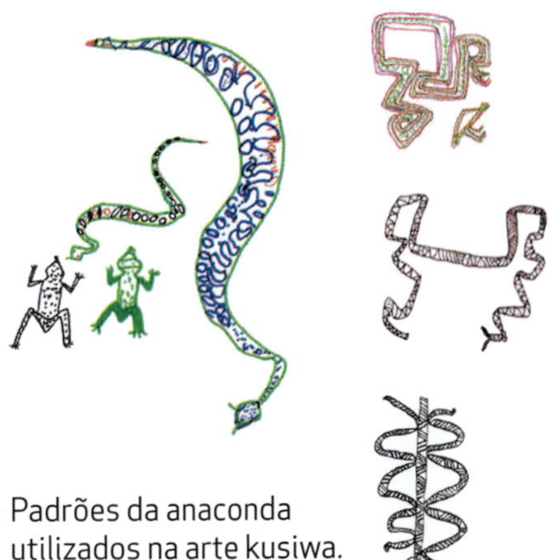

Padrões da anaconda utilizados na arte kusiwa.

Imagens: Reprodução/IPHAN - Instituto do Patrimônio Histórico e Artístico Nacional, Rio de Janeiro

a) De acordo com o mito de origem que você leu, qual é o papel da anaconda na cultura wajãpi?

b) Para os Wajãpi qual é o sentido ritual de desenhar no próprio corpo os padrões da anaconda?

c) Observe as representações da anaconda. O mesmo animal é representado por padrões diversos, alguns mais figurativos, outros mais abstratos. Assim, a mesma história é contada de modos distintos. Converse com um colega: Há outras manifestações da cultura oral em que isso acontece?

d) A cultura dos Wajãpi é profundamente marcada pela experiência da vida na floresta, em que rios e cobras fazem parte do cotidiano. Considerando a própria cultura, que elementos são marcantes em sua vida? Que grafismos poderiam ser usados para representá-los? Faça desenhos em seu Diário de bordo para expressá-los.

Atividade 3

» Tombado como patrimônio cultural imaterial do Brasil, o jongo é uma dança afro-brasileira de motivação religiosa, executada em roda por homens e mulheres ao som de tambores, cânticos e palmas. Manifestação conhecida principalmente nos estados da região Sudeste, os cânticos do jongo têm letras feitas de improviso, em geral em linguagem cifrada. Leia a letra de jongo a seguir e faça as atividades.

Igor Alecsander/Getty Images

« No Sudeste do Brasil, o jongo é praticado em algumas comunidades rurais e nos quintais das periferias urbanas. Foto de Valença (RJ), em setembro de 2015.

Fred S. Pinheiro/Shutterstock

A percussão que acompanha o jongo é formada por tambores consagrados, afinados no fogo. Foto de 2017.

Tava dormindo
Angoma me chamou
Disse levanta povo
Cativeiro se acabou.

Canto de várias comunidades jongueiras. *Iphan*. p. 6. Disponível em: <http://portal.iphan.gov.br/uploads/publicacao/PatImDos_jongo_m.pdf>. Acesso em: 24 jul. 2018.

angoma instrumento de percussão de tamanho grande, de forma cilíndrica, constituído de apenas uma membrana, usado em danças de origem afro-brasileira, como cocos e jongos, bem como nos candomblés bantos, particularmente dos angolas e congos.

a) A que acontecimento histórico a letra faz referência?

b) De que modo a ideia de uma festa coletiva está indicada na letra?

c) Converse com os colegas: É possível considerar o jongo praticado no Sudeste uma forma de resistência da comunidade afro-brasileira? Por quê?

ATIVIDADE 4

» Também tombada como patrimônio cultural imaterial brasileiro, a capoeira é representada nas duas obras de arte apresentadas a seguir, produzidas em tempos distintos. Observe-as e faça o que se pede.

Reprodução/Acervo do artista

Vadiação, de Héctor Carybé, 1965 » (óleo sobre tela, 60 cm × 85 cm).

Reprodução/Fundação Biblioteca Nacional, Rio de Janeiro

« *Jogar capoeira*, de Johann Moritz Rugendas, 1835 (litografia colorida à mão, 51,3 cm × 35,5 cm).

a) Destaque dois elementos que representem diferenças entre as obras.

b) Descreva os elementos e os movimentos típicos da capoeira que são representados em cada uma das obras.

c) As obras foram produzidas em momentos históricos distintos. Do ponto de vista do patrimônio cultural, o que essa distância entre os dois momentos indica?

ETAPA 3

Você já aprendeu sobre os patrimônios culturais materiais e imateriais do Brasil. Agora é o momento de investigar a região onde você vive e buscar informações sobre patrimônios existentes. Para isso, realize as atividades a seguir.

Fernando Favoretto/Criar Imagem

Entrevistar pessoas é uma forma de ter acesso a informações sobre determinado tema.

ATIVIDADE 1

» Para fazer um levantamento sobre os patrimônios de sua região, siga o roteiro abaixo. Use seu Diário de bordo para registrar as informações encontradas.

COMO FAZER UM LEVANTAMENTO DE DADOS

Você pode buscar informações na internet e também conversar diretamente com pessoas da sua escola, do seu bairro ou da sua cidade. Siga as etapas:

1. Use seu navegador de internet para buscar os patrimônios de sua região no *site* Infopatrimônio: <www.infopatrimonio.org/>.
2. Anote tanto os patrimônios materiais quanto os imateriais que resultarem da busca.
3. Se não encontrar nenhum resultado, tente uma consulta mais livre, colocando na barra de busca de seu navegador: "nome da sua cidade + patrimônio".
4. Converse com pessoas de sua escola, bairro e/ou município, pergunte que patrimônios culturais elas identificam na região e anote as respostas em seu Diário de bordo.
5. Faça uma lista dos patrimônios citados, registrando quantas vezes cada um deles foi mencionado pelos entrevistados.
6. Organize os dados em duas tabelas: uma com os resultados da pesquisa na internet e outra com os resultados das entrevistas.

a) Finalizado o levantamento de dados, organize, com a ajuda do professor e dos colegas, uma roda de conversa na sala de aula para trocar informações.

b) Verifiquem se os patrimônios citados pelos entrevistados correspondem ao conceito de patrimônio material ou imaterial estudado por vocês.

c) Por fim, escolham os patrimônios que farão parte do almanaque que vocês vão produzir. Para facilitar o registro, reproduzam o cabeçalho a seguir no Diário de bordo e completem a tabela com as informações obtidas.

Patrimônios materiais e imateriais de sua região encontrados na internet	Patrimônios materiais e imateriais de sua região citados pelos entrevistados	Número de vezes que o patrimônio foi citado pelos entrevistados	Patrimônios de acordo com o conceito de patrimônio cultural	Patrimônios escolhidos para integrar o almanaque + justificativa

ATIVIDADE 2

» Para preparar o material que vai fazer parte do almanaque, em grupos, você e seus colegas vão entrevistar estudiosos do patrimônio cultural da sua região.

a) Cada grupo vai preparar as perguntas e agendar um local e um horário com o entrevistado escolhido. Algumas das perguntas que podem ser feitas:
   - Desde quando você estuda esse patrimônio?
   - Por que considera esse patrimônio importante?
   - Esse patrimônio está sendo preservado de forma adequada?
   - Como as marcas desse patrimônio se revelam em nossa cultura?
   - Que outros patrimônios de nossa região deveriam ser valorizados? Por quê?

b) Registrem as respostas e tudo que for importante no Diário de bordo.

c) Fiquem atentos à fala do entrevistado e, caso algum tema não previsto seja mencionado, aproveitem para formular novas perguntas.

ATIVIDADE 3

» Para a montagem do almanaque, é importante buscar imagens (fotos, pintura, desenhos, etc.) dos patrimônios selecionados.

a) Você pode fotografar esses patrimônios e/ou realizar uma **pesquisa iconográfica** em *sites* e em livros.

b) Reproduza a ficha a seguir no Diário de bordo e complete-a registrando as imagens selecionadas, como indicado no modelo.

pesquisa iconográfica pesquisa de imagens – fotografias, ilustrações, desenhos, pinturas – para a produção de *sites*, livros, revistas, painéis, etc.

Imagem selecionada	Autoria	Característica	Fonte
Procissão do Círio na festa do Círio de Nazaré	Iphan/Luiz Braga	Fotografia	*Iphan*. Disponível em: <http://portal.iphan.gov.br/galeria/detalhes/101>. Acesso em: 24 jul. 2018.

Aloisio Mauricio/Fotoarena

A grande festa em homenagem a Nossa Senhora de Nazaré acontece anualmente desde 1793, e seu ponto alto é a procissão do Círio. Na foto de 2018, procissão do 8º Círio de Nazaré em São Paulo (SP).

ETAPA 4

Você sabe o que é um almanaque? Já leu algum?

Os almanaques são publicações, originalmente anuais, que reúnem informações diversas e textos de vários gêneros, como calendário com as fases da lua, datas históricas, reportagens, desafios, curiosidades, anedotas, poemas, textos de divulgação científica, etc. Os textos do almanaque costumam ser curtos e com linguagem simples, próprios para entretenimento, mas com algum conteúdo informativo. Hoje em dia são comuns os almanaques temáticos, sobre esportes, moda, música, entre outros assuntos.

Com seus colegas, você vai produzir um almanaque dos patrimônios culturais de sua região escolhidos na Etapa 3. Esse almanaque será composto de textos informativos, atividades lúdicas, imagens e dicas sobre os patrimônios (localização, como e quando visitá-los, etc.). Para produzir o conteúdo do almanaque, decida, com o professor e os colegas, como dividir as atividades seguintes entre os grupos.

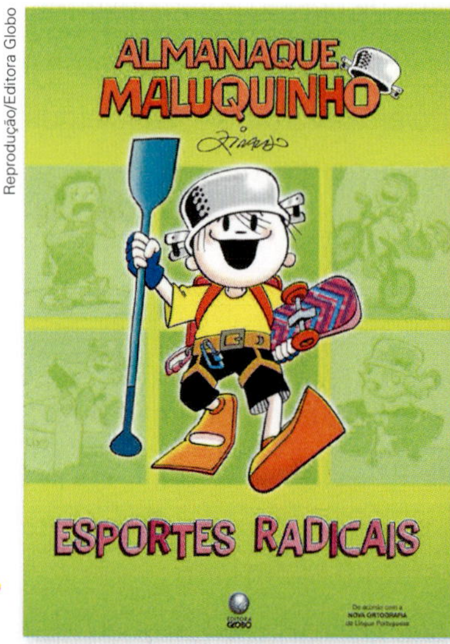

Reprodução/Editora Globo

Reprodução/Editora Bazar do Tempo

Capas de almanaques temáticos contemporâneos.

ATIVIDADE 1

» Para cada patrimônio (material ou imaterial) escolhido, desenvolva com seus colegas os itens relacionados abaixo.

a) Componham uma ficha com o nome do patrimônio e sua localização. Se quiserem, incluam também uma imagem do patrimônio em cada ficha. Observem os modelos a seguir.

Rio Grande – Casa de Azulejos
Imagem: Iphae IPHAE – Instituto do Patrimônio Histórico e Artístico do Estado
Nome atribuído: Casa de Azulejos
Outros Nomes: Sobrado dos Azulejos
Localização: Rua Marechal Floriano, nº 101/103 – **Rio Grande**, RS

Infopatrimônio.
Disponível em: <www.infopatrimonio.org/?s = rio + grande + do + sul#!/map = 38329&loc = -17.67402526162905,-46.22548734999999,3>.
Acesso em: 24 jul. 2018.

Mato Grosso e Mato Grosso do Sul – Modo de fazer Viola de Cocho
Imagem: Iphan IPHAN – Instituto do Patrimônio Histórico e Artístico Nacional
Nome atribuído: Modo de fazer Viola de Cocho
Localização: Estados do **Mato Grosso e Mato Grosso do Sul**
Abrangência: Regional

Infopatrimônio.
Disponível em: <www.infopatrimonio.org/?s = mato + grosso#!/map = 38329 &l65862,-406.6758441925049,13>.
Acesso em: 24 jul. 2018.

b) Para os patrimônios materiais, façam um roteiro com dicas de como se pode usufruir da visita. Apontem, por exemplo:
   - A melhor época do ano para visitar.
   - Dias e horários em que o local está aberto para visitação.
   - Tempo estimado para a visita.
   - Valor do ingresso.
   - Dados sobre o lugar (história e importância cultural para a região).
   - Dicas de locais para comer na região.

c) Para os patrimônios imateriais, indiquem onde e como a pessoa pode conhecê-los. Por exemplo:
   - Para ver um artesão fabricando uma viola de cocho, sugira a visita a um ateliê.
   - Para informações sobre determinado patrimônio, deve-se visitar um museu ou o centro cultural da cidade.
   - Se o patrimônio fizer parte de uma festa, como a do Bumba meu Boi, do Maranhão, devem constar a época do ano em que acontece e como o visitante deve se preparar para participar.

Atividade 2

» Uma parte importante do almanaque são as atividades lúdicas temáticas, que propõem brincadeiras com base no tema selecionado; no caso, os patrimônios culturais de sua região.

a) Vocês devem dividir entre os grupos as atividades que serão elaboradas: cruzadinhas; jogo dos sete erros; caça-palavras; liga-pontos; etc.

b) Cada grupo vai se reunir e desenvolver a atividade que lhe foi atribuída, segundo as orientações a seguir:
   - Para elaborar cruzadinhas, criem perguntas cujas respostas farão parte da atividade. Por exemplo, se o patrimônio escolhido for a capoeira: Que instrumento é tocado na roda de capoeira? Resposta: berimbau. Depois, montem o esquema.
   - Para montar um jogo dos sete erros, basta utilizar duas imagens do patrimônio escolhido e fazer sete modificações em uma delas. Vocês podem duplicar uma foto do patrimônio e modificar uma das imagens usando programas de computador ou desenhar duas vezes a mesma imagem com sete pequenas diferenças entre elas.
   - Para criar um caça-palavras, escrevam várias palavras relacionadas ao patrimônio escolhido em um diagrama e escondam-nas em meio a outras letras quaisquer. Não se esqueçam de indicar no enunciado quantas e quais palavras terão de ser localizadas.
   - Para criar um liga-pontos, contornem uma imagem relacionada ao patrimônio escolhido com pontos numerados de 1 até o número necessário para completar o desenho, deixando entre eles um intervalo de aproximadamente 1 centímetro.

Atividade 3

» Outro gênero comum nos almanaques, que costuma agradar aos leitores, são as receitas.

a) A depender dos patrimônios escolhidos, vocês podem pesquisar receitas culinárias para indicar aos leitores. Por exemplo, no Espírito Santo, os saberes das Paneleiras de Goiabeiras fazem parte do patrimônio cultural imaterial do Brasil. Se essa for a região em que moram, vocês podem incluir uma receita de prato típico da região para ser feita em uma dessas panelas.

b) Outras receitas interessantes para compor o almanaque são as instruções de artesanato, uma espécie de "como fazer", que podem ser usadas para ensinar pontos de bordado, de crochê ou tricô, desde que sejam simples e se relacionem com o patrimônio cultural imaterial, como é o caso das Mestres Bordadeiras de Antônio Prado e Santa Tereza, cidades históricas do Rio Grande do Sul. Se um dos patrimônios que compõem o almanaque for um artesanato ou um ofício, que exige uma técnica específica, vocês podem também descrevê-lo no almanaque.

Gabriel Lordello/Mosaico Imagem

Etapa de modelagem da panela de barro, chamada pelas paneleiras de "levantar" a panela. Vitória (ES), em 2015.

Atividade 4

» Vocês podem utilizar as fotografias, desenhos e pinturas selecionados pelos grupos na pesquisa iconográfica da Etapa 3 para organizar uma galeria de imagens dos patrimônios escolhidos, com as respectivas legendas. A ideia é valorizar esses patrimônios e despertar interesse nas pessoas de conhecer mais sobre eles.

Atividade 5

» Vocês podem incluir no almanaque alguns gêneros literários, como contos, minicontos, crônicas e poemas. Durante a pesquisa dos textos, deem preferência aos gêneros que tematizem os patrimônios ou que tenham um patrimônio como cenário. Um dos grupos ou a turma, coletivamente, pode criar ainda um pequeno conto que relate uma experiência vivida em uma das festas de patrimônio imaterial, por exemplo.

Atividade 6

» Outro item atraente para compor o almanaque é uma reportagem sobre um dos patrimônios escolhidos. Um dos grupos pode ser incumbido dessa atividade.

a) A reportagem deve ter seu tema delimitado, ou seja, deve-se escolher um aspecto sobre o patrimônio, por exemplo, quando ele se tornou patrimônio ou sua importância regional.

b) Para compor a reportagem, podem ser utilizados trechos das entrevistas feitas com estudiosos do tema e imagens do patrimônio. Procurem selecionar os trechos que deixem clara a relevância do patrimônio escolhido por vocês.

c) Lembrem-se de que os textos dos almanaques não costumam ser longos. Portanto, a reportagem deve ter uma quantidade de texto adequada ao suporte de publicação.

Atividade 7

» É necessário criar uma apresentação para o almanaque. Nela, devem ser explicadas a importância dos patrimônios culturais materiais e imateriais e a razão de terem sido escolhidos os patrimônios que constam do almanaque. Em geral, a apresentação aparece na primeira página. Além disso, vocês também podem escrever uma sinopse para constar da contracapa do almanaque.

ETAPA 5

Agora que ficaram prontas as atividades e os textos que vão compor o almanaque, chegou o momento de pensar no projeto e na produção dele propriamente ditos. As atividades a seguir vão ajudar vocês nas decisões para a montagem do almanaque.

Atividade 1

» Para começar, decidam se o almanaque será feito de forma artesanal ou digital. Em seguida, poderão cuidar de como será a distribuição do conteúdo pelas páginas e pensar na capa.

a) Primeiro, organizem a **diagramação** do almanaque, utilizando desenhos e esquemas para pensar na sequência de textos, imagens e atividades e na disposição dos elementos nas páginas.

diagramação elaboração de um esquema que planeja a distribuição dos elementos (textos, legendas, fotos, ilustrações) no espaço das páginas que vão ser confeccionadas.

b) Depois, escolham o título do almanaque e as informações e imagens que vão constar da capa e da contracapa. Escrevam textos curtos e escolham imagens chamativas para despertar a curiosidade dos leitores sobre os conteúdos.

Atividade 2

» Com o esquema do almanaque em mãos, é hora de produzi-lo.

COMO MONTAR UM ALMANAQUE ARTESANAL

Sigam os passos abaixo:

1. Selecionem as folhas de papel no tamanho e na quantidade que vão usar.

2. Confeccionem a capa usando imagens e escrevendo o título em letras grandes. Incluam chamadas sobre os conteúdos do almanaque.

3. Antes de passar a limpo nas páginas do almanaque as atividades e os textos, revisem-nas para evitar erros.

4. Copiem as atividades e os textos nas folhas de papel. Se quiserem, usem canetas coloridas para fazer o contorno de cada texto ou atividade. Lembrem-se de que os almanaques têm um caráter lúdico; então, garantam que o de vocês fique bem atraente!

Vocês vão precisar de

- folhas de papel no tamanho desejado (A2/A4)
- canetas coloridas
- fotos e imagens coloridas
- tesoura com pontas arredondadas, cola e grampeador

ou

- computador com editor de texto

5. Colem as imagens nos espaços selecionados e escrevam as legendas e os créditos abaixo delas.

6. Evitem deixar espaços em branco. Planejem cada página de modo que não fique sobrecarregada de informações nem vazia demais.

Banco de imagens/ Arquivo da editora

7. Façam cópias coloridas do almanaque na quantidade desejada. Depois finalizem-no utilizando grampos para prender as páginas ou outro acabamento à escolha de vocês.

COMO CRIAR UM ALMANAQUE DIGITAL

Sigam os passos abaixo:

1. Usem um editor de texto e acessem um programa de criação de livretos.

2. Cliquem em *Mais tamanhos de páginas em branco*, depois em *Livretos*; escolham *Livreto 1/2 A4* e cliquem em *Criar*.

3. Cliquem em *Sim* para criar quatro páginas no livreto. Para adicionar páginas, cliquem em *Inserir*, depois em *Páginas* e escolham páginas simples ou duplas.

4. Para escrever, criem caixas de texto e digitem ou copiem e colem os textos dentro delas. Antes de digitar os textos, revisem-nos para evitar erros.

5. Selecionem o texto digitado com o *mouse* e escolham o tipo e o tamanho de fonte que desejam usar.

6. Se quiserem, variem as cores e os tipos de letra de cada seção do almanaque para deixá-lo mais divertido e atraente para o leitor.

7. Para dividir o texto em colunas, cliquem em *Colunas* e selecionem quantas pretendem usar: duas ou três.

8. Para inserir imagens, cliquem em *Inserir*, escolham entre *Imagens* ou *Imagens* on-line e cliquem sobre o item desejado. Se clicarem em *Imagens*, o programa vai abrir as imagens disponíveis naquele computador ou num *pendrive*. Se clicarem em *Imagens* on-line, vocês terão de buscar as imagens na internet. Lembrem-se de criar legendas e de indicar os créditos de cada imagem usada.

9. Vocês também podem usar um fundo colorido para a página do almanaque; basta clicar em *Design da página*, depois em *Plano de fundo* e escolher a cor desejada.

10. Se quiserem apenas destacar alguma caixa de texto específica, selecionem a caixa de texto, cliquem em *Formatar*, escolham entre *Preenchimento da forma* ou *Contorno da forma* e escolham a cor que desejam usar clicando sobre ela.

11. Revisem o texto e a diagramação e finalizem seu almanaque. Não se esqueçam de salvá-lo no computador que estiverem usando e num suporte externo, um *pendrive*, por exemplo. O almanaque poderá ser impresso ou disponibilizado *on-line*, a critério de vocês.

ALMANAQUE

Reprodução/Editora Zahar

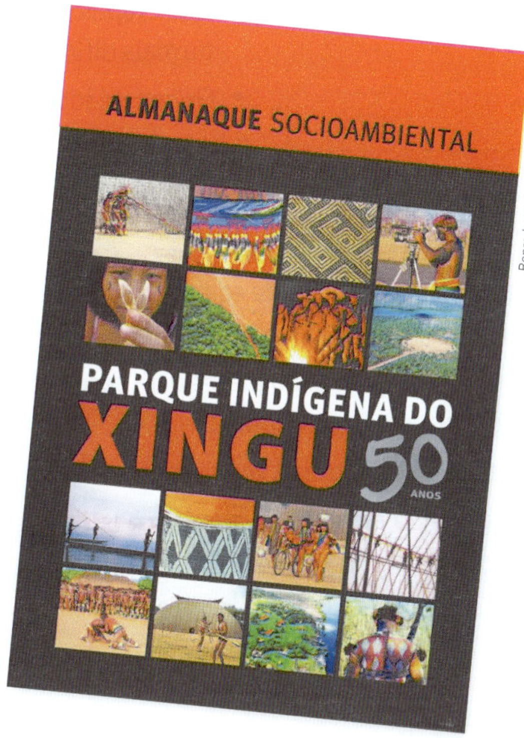

Reprodução/Instituto Socioambiental

Exemplos de almanaques que tratam da Matemática e do Parque Indígena do Xingu por meio de informações e curiosidades destinadas a um público variado.

» Chegou a hora de lançar o almanaque!

a) Para fazer cópias em quantidade adequada aos convidados, vocês podem pensar em:
   - cobrar pelo almanaque, dividindo os custos de sua produção entre aqueles que quiserem adquiri-lo;
   - buscar patrocinadores para financiar o almanaque de vocês em troca de, por exemplo, serem mencionados no evento de lançamento;
   - realizar uma rifa ou um campeonato para arrecadar o dinheiro necessário para pagar a produção dos exemplares.

b) Preparem o evento de lançamento para a comunidade. Pelo tema do almanaque, seria interessante realizar o lançamento em um centro cultural, em um dos patrimônios apresentados no almanaque ou num espaço público próximo a ele.

c) Convidem a comunidade para o lançamento e não se esqueçam de chamar os especialistas entrevistados por vocês. Eles vão gostar de apreciar o resultado!

d) Preparem uma fala de apresentação ou leiam para os convidados o texto de apresentação do almanaque. Se desejarem, exponham as fotos que tiraram ou pesquisaram dos patrimônios culturais de sua região, em tamanho ampliado, no espaço do lançamento.

Avaliação

Compartilhe com seus colegas como foi, para você, estudar os patrimônios culturais de sua região.

- Você ampliou seu conhecimento sobre o assunto?
- Gostou de participar de um projeto coletivo?
- O almanaque ficou do modo que você imaginava?
- Que etapas do trabalho foram as suas preferidas? Em quais delas sentiu mais dificuldade? Por quê?
- Os convidados para o lançamento gostaram do almanaque?

Como divulgar

Seguem algumas dicas de como vocês poderiam fazer com que mais pessoas conhecessem o almanaque produzido pela turma.

- Deixando alguns exemplares para serem distribuídos em lugares muito frequentados da cidade.
- Disponibilizando uma versão digital do almanaque no *site* da escola.
- Realizando uma exposição de fotos dos patrimônios culturais de sua região no pátio da escola.

DIÁRIO DE BORDO

É hora de registrar a finalização do projeto em seu Diário de bordo. Nele, você refletiu sobre os patrimônios culturais materiais e imateriais de sua região, registrou informações a partir de uma videoaula, registrou os resultados encontrados em um levantamento de dados, anotou as respostas da entrevista com o estudioso dos patrimônios de sua região, registrou a pesquisa iconográfica e fez os rascunhos de textos e atividades para compor o almanaque.

Finalize agora o registro com suas impressões pessoais sobre o projeto. Não se esqueça de relatar também como aconteceu o lançamento do almanaque.

- Selecione imagens dos patrimônios estudados para colar no Diário de bordo.
- Copie sua atividade preferida do almanaque.
- Resuma em uma ou duas frases o que aprendeu sobre patrimônio e identidade cultural neste projeto.
- Descreva o sentimento de ter produzido um almanaque e, principalmente, de ver as pessoas lendo-o e fazendo as atividades criadas por você.

PROJETO 4

PREVISÃO DO TEMPO

Como saber se vai chover?

NOAA/NASA

Desde as primeiras sociedades, prever as condições meteorológicas era essencial para a lavoura e para muitas outras atividades humanas. Recentemente, a previsão do tempo passou por um grande avanço com a ajuda de imagens obtidas por satélites meteorológicos, como esta, do satélite GOES-16. Ela foi criada com um conjunto de imagens do dia 15 de janeiro de 2017, às 13 h 7 min. Nela é possível ver o continente americano.

INTRODUÇÃO AO PROJETO 4

Pessoas que vivem em um mesmo local por muito tempo conhecem bem o clima do lugar. Sabem, assim, quando tem início o período de chuvas e quais são os dias mais quentes do ano. Da mesma forma, costumam se lembrar de como era o clima no passado, comparando-o com o dos dias de hoje. Moradores antigos da cidade de São Paulo, por exemplo, relatam que, há 50 anos, em boa parte do ano, os dias eram mais frios, com névoa pela manhã. Essa realidade, no entanto, se transformou no decorrer do tempo, o que nos faz indagar que fatores estariam relacionados a essa mudança climática.

Este projeto propõe uma investigação sobre as condições climáticas. Você e seus colegas, ao final deste estudo, vão organizar informações sobre as variações climáticas da região em que vivem a fim de ajudar sua comunidade a prever o comportamento do clima.

Vamos usar conhecimentos de Geografia, Ciências e Matemática para realizar várias atividades:

- Estudar a relação entre população e clima.
- Analisar gráficos e tabelas.
- Pesquisar variações climáticas em todo o mundo.
- Fazer levantamento de dados e seleção de informações relevantes para o entendimento do regime de chuvas.
- Criar uma estação meteorológica na própria escola.
- Apresentar à comunidade as previsões meteorológicas para a região em que a escola se situa.

Alf Ribeiro/Shutterstock

Estação meteorológica em Santana, Zona Norte de São Paulo (SP). Foto de março de 2017.

DE OLHO NO TEMPO

Este projeto é composto de muitas atividades de pesquisa, leitura de diferentes tipos de texto e montagem de tabelas e sínteses. Por essa razão, é importante programar bem o tempo para realizá-las. Para se organizar, crie no Diário de bordo um cronograma em que você possa visualizar tudo o que está programado. Converse com o professor e os colegas para definir a duração do projeto e o número de aulas que será destinado a ele. Também com eles, escolha a data para a apresentação do projeto para a comunidade.

DIÁRIO DE BORDO

A utilização do Diário de bordo para o registro de dados e ideias durante as várias atividades previstas será de fundamental importância para que você não se perca durante a realização do projeto. Além das informações coletadas, anote no Diário seus apontamentos individuais. Não se esqueça de reservar espaço para um cronograma que permita visualizar em conjunto todas as etapas. À medida que for cumprindo cada uma delas, verifique se é necessário reprogramar as que faltam.

ETAPA 1

Você já pensou que as mudanças climáticas podem influenciar o modo por meio do qual cada sociedade se estabelece em determinado espaço? No decorrer da história da humanidade, o anseio por melhores condições de vida fez com que povos inteiros deixassem seu lugar de origem em busca de alternativas mais favoráveis. No entanto, algumas mudanças climáticas estimularam a criação de tecnologias para que os seres humanos pudessem se adaptar a regiões hostis.

Ulet Ifansasti/Getty Images

Catástrofes naturais ocorrem quando fenômenos naturais violentos atingem regiões habitadas, como esse terremoto, em Lombok, Indonésia, que matou por volta de 259 pessoas, em agosto de 2018.

Se liga

De acordo com um *site* de curiosidades sobre o clima, Cherrapunjee, na Índia, detém o recorde mundial de maior precipitação em 48 horas.
Entre 15 e 16 de junho de 1995, a cidade registrou 2 493 milímetros de chuva.
O lugar mais chuvoso do mundo é a ilha havaiana de Kauai, onde chega a chover até 350 dias por ano. Leia em: <www.dw.com/pt-br/curiosidades-sobre-o-clima-ao-redor-do-mundo/a-17788634>. Acesso em: 19 ago. 2018.

Atividade 1

» Leia a seguir um artigo publicado no *site* da ONU Brasil em 2017 sobre os prejuízos humanos e econômicos causados por desastres naturais.

DESASTRES NATURAIS LEVAM 24 MILHÕES DE PESSOAS POR ANO A SITUAÇÕES DE POBREZA

Catástrofes naturais fazem com que, anualmente, 24 milhões de indivíduos sejam levados à miséria, alertou na semana passada o secretário-geral da ONU, António Guterres. Dirigente pediu mais compromisso com marcos globais para combater a ameaça dos desastres. Segundo novo relatório do Escritório das Nações Unidas para a Redução do Risco de Desastres (UNISDR), fenômenos extremos deslocam cerca de 14 milhões de pessoas por ano.

Produzida a partir de dados de 204 países, a pesquisa do UNISDR alerta que, dos dez países mais **suscetíveis** à destruição e à consequente migração associada aos fenômenos extremos, oito são do Sul e Sudeste da Ásia.

"À exceção das mortes e dos graves ferimentos (verificados) em situação de desastre, não há golpe mais esmagador do que a perda do lar, que é frequentemente o local de trabalho em muitos dos países mais afetados", explicou o representante especial do secretário-geral da ONU para o tema, Robert Glasser. O relatório da agência da ONU foi divulgado por ocasião do Dia Internacional para a Redução de Desastre, lembrado em 13 de outubro.

[...]

suscetíveis que têm a possibilidade de ser afetados por algo.

evacuação ação de retirar pessoas de uma região, geralmente em situação de perigo.

massivos que se referem a grande quantidade.

Desastres geram pobreza

Em pronunciamento para o dia internacional, o secretário-geral da ONU, António Guterres, ressaltou que "uma média de 24 milhões de pessoas são empurradas para a pobreza, a cada ano, pelos desastres". "Pobreza, urbanização acelerada, governança frágil, a deterioração dos ecossistemas e as mudanças climáticas estão acentuando o risco de desastres", afirmou o chefe das Nações Unidas.

O dirigente máximo do organismo internacional avaliou que, com sistemas eficientes de alerta precoce e **evacuação**, países já conseguem evitar índices **massivos** de mortes em desastres.

"Agora, temos que focar em reduzir o sofrimento humano e o número de pessoas afetadas", defendeu Guterres. "Medidas práticas incluem a realocação de pessoas vivendo em zonas de perigo; a implementação de códigos de construção (civil) sólidos; e a preservação de ecossistemas protetores. Reduzir as emissões de gases do efeito estufa é fundamental. A mudança climática está agravando a frequência e a intensidade elevadas de eventos climáticos extremos."

[...]

Desastres naturais levam 24 milhões de pessoas por ano a situações de pobreza. *ONU Brasil*. Disponível em: <https://nacoesunidas.org/desastres-naturais-levam-24-milhoes-de-pessoas-por-ano-a-situacoes-de-pobreza/>. Acesso em: 15 ago. 2018.

a) Converse com seus colegas sobre a relação entre os desastres naturais e o deslocamento de populações em busca de condições mínimas de existência.

b) Selecionem no texto três motivos que explicam a miséria de 24 milhões de habitantes por ano em decorrência dessas catástrofes e comentem com suas palavras.

Atividade 2

» Você sabia que o planeta Terra é monitorado por satélites que observam eventos climáticos? Veja algumas imagens resultantes desse monitoramento.

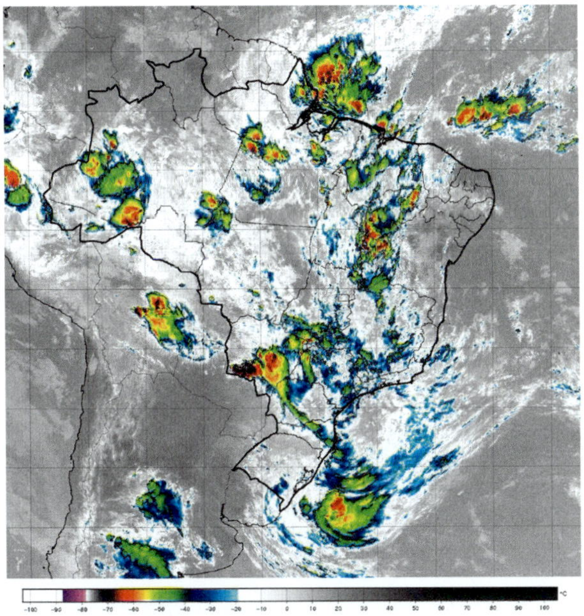

Foto da América Latina feita pelo satélite GOES-16 mostrando a situação climática da região em 20/2/2018.

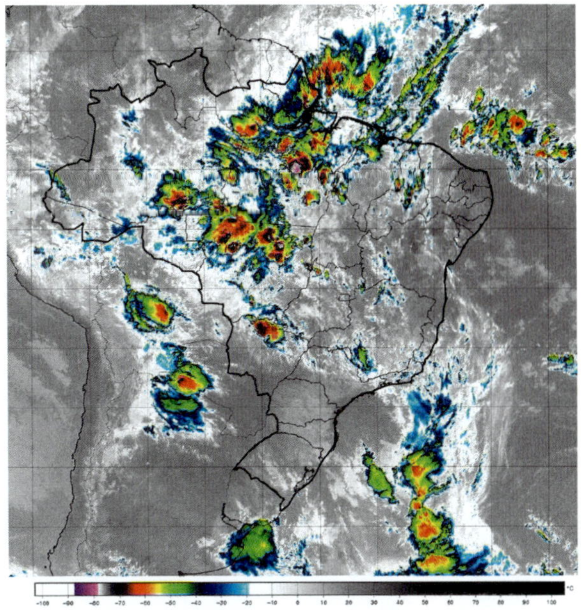

Imagem da situação climática da mesma região no dia 21/2/2018.

Veja na legenda o significado das cores.

- ausência de nebulosidade
- e nuvens baixas (nevoeiros e chuviscos)
- nuvens médias e altas (as médias podem provocar chuva fraca ou moderada)
- nuvens muito altas (chuva intensa)
- nuvens muito altas (granizo e temporal)

As duas imagens se referem a um mesmo evento climático: a concentração de chuvas em território brasileiro em dois dias de fevereiro de 2018.

a) Comparando as imagens, qual delas indica maior quantidade de chuva no território brasileiro?

b) Observe o estado do Paraná e Santa Catarina nas duas imagens. Qual é a diferença entre elas com relação à quantidade de chuva?

Atividade 3

» Você sabe quando é verão e quando é inverno nas capitais do mundo?

a) Com um colega, pesquise o início do verão e do inverno em seis capitais do mundo, metade delas no hemisfério sul e metade no hemisfério norte.

b) A partir do cabeçalho apresentado a seguir, montem uma tabela no Diário de bordo e organizem nela os dados da pesquisa.

Capital	País	Localização (latitude e longitude)	Início do verão	Início do inverno

Atividade 4

» Finalizada a pesquisa, compare a tabela que você e seu colega organizaram com as de outras duplas. Você poderá constatar um fato que se repete em todas as pesquisas: quando é verão nos países do hemisfério norte, é inverno nos países do hemisfério sul, e vice-versa.
A Terra realiza vários movimentos. Um deles é o movimento de **translação**, em torno do Sol. Observe a seguir uma representação esquemática que o descreve e, depois, faça o que se pede.

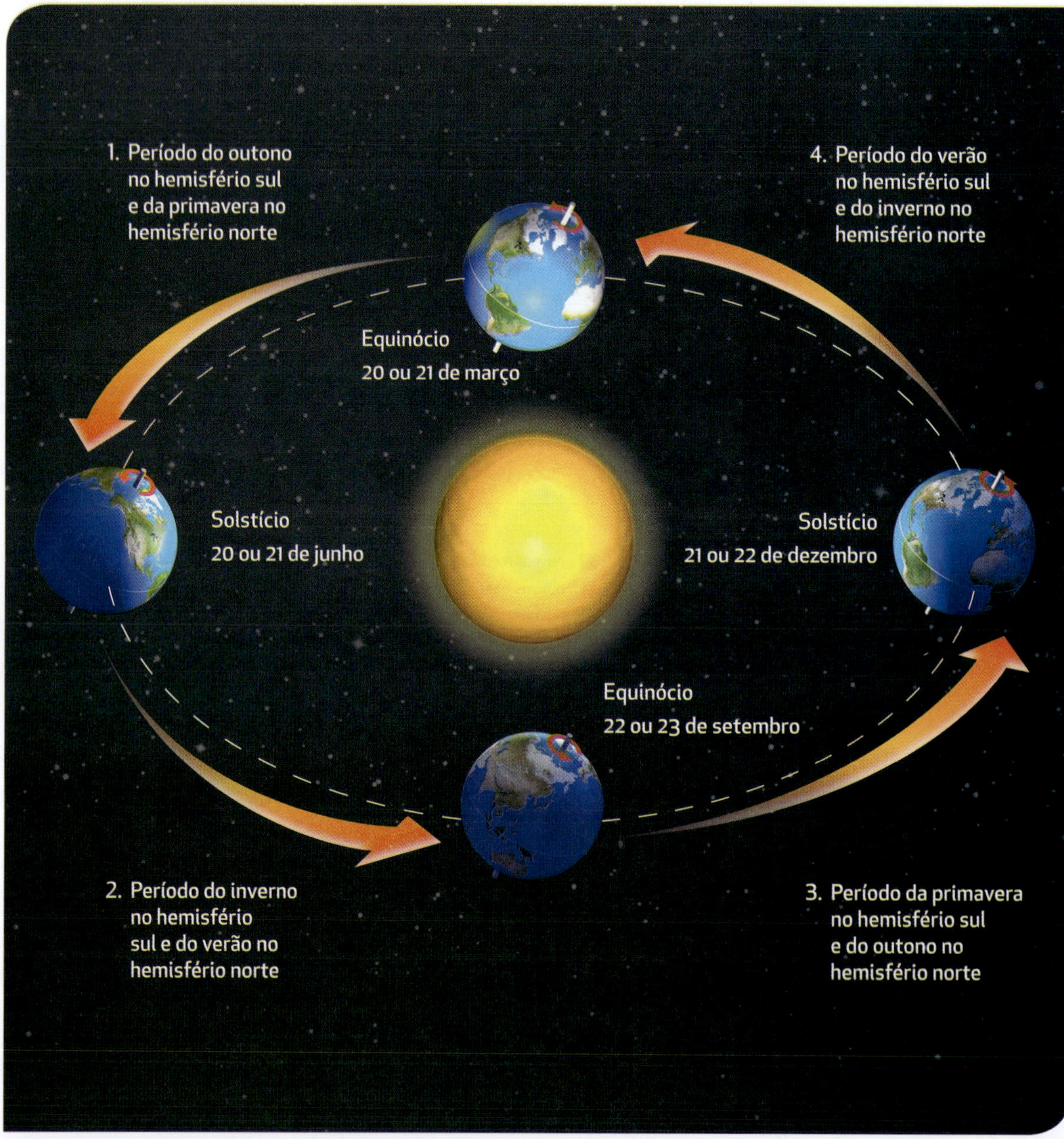

Mário Kanno/Arquivo da editora

a) Procurem entender como esse movimento se relaciona com a mudança de estações no ano.

b) Com base na leitura da imagem, escrevam em seu Diário de bordo um parágrafo que explique essa relação.

ETAPA 2

A Terra realiza ainda o movimento de **rotação**, girando em torno de si mesma, de modo que toda a sua superfície recebe a luz solar em algum momento.

Por causa da forma esférica da Terra, os raios solares incidem com intensidade diferente em distintos pontos do planeta. Nas áreas próximas à linha do equador, a luz atinge a superfície terrestre de forma mais perpendicular do que em outras áreas. Desse modo, a intensidade é maior e, consequentemente, maior é o calor. Graças ao movimento de rotação, a luz solar vai progressivamente iluminando diferentes áreas do globo, o que resulta em dias e noites.

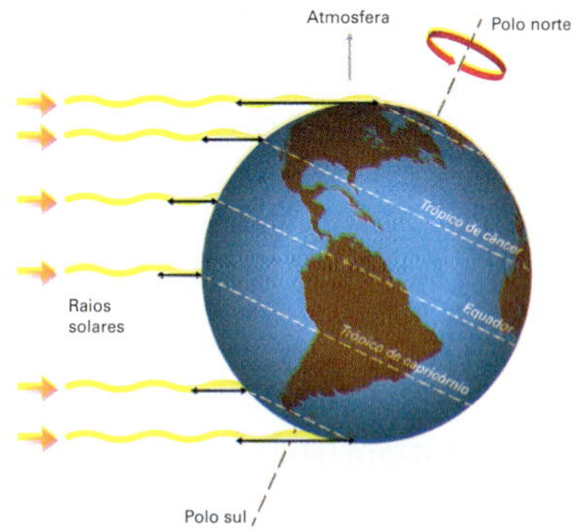

Primo da Cidade ilustras & Co./Arquivo da editora

Nesta imagem temos o período de verão no hemisfério sul.

Entre os dois extremos do planeta (os polos norte e sul) existe uma grande variação de temperatura, que resulta principalmente do modo como os raios solares atingem a superfície da Terra e de sua intensidade. O direcionamento dos raios solares determina se uma área da Terra é mais fria ou mais quente, juntamente com outros fatores, como o relevo e a vegetação, por exemplo.

Para ajudar na classificação dessas áreas com relação à variação de temperatura em razão de sua localização no planeta, estabeleceram-se as chamadas **zonas climáticas ou térmicas**:

- polar ártica
- temperada do norte
- tropical
- temperada do sul
- polar antártica

ATIVIDADE 1

» Observe as cinco zonas climáticas no planisfério abaixo. Depois, monte uma tabela em seu Diário de bordo para descrever cada uma das zonas quanto à localização e quanto às características de temperatura, levando em conta os pontos de referência do próprio mapa (continentes, oceanos, trópicos, círculos polares, etc.).

Zonas climáticas da Terra

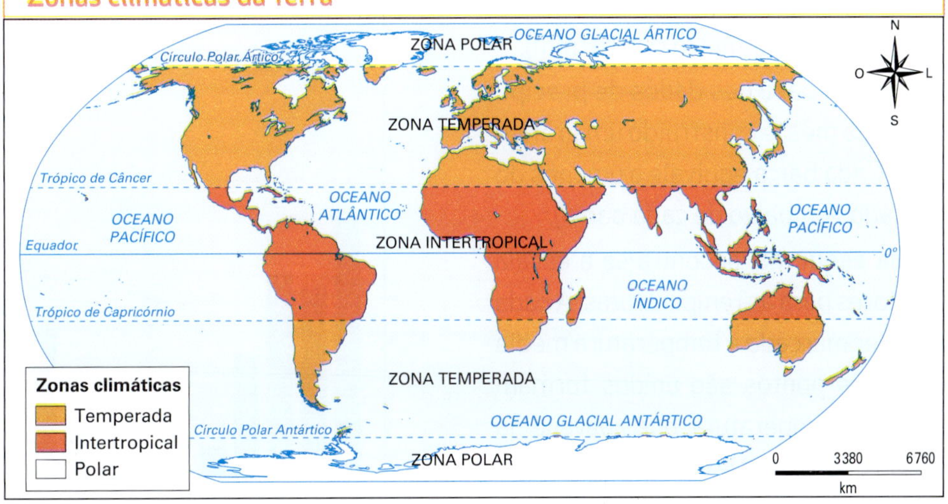

Banco de imagens/Arquivo da editora

Adaptado de: IBGE, *Atlas geográfico escolar*. 7. ed. Rio de Janeiro: IBGE. 2016. p. 58.

ATIVIDADE 2

» A maior parte do Brasil se localiza na zona térmica tropical, entre o trópico de Câncer e o trópico de Capricórnio. Apenas 8% do território brasileiro está localizado na zona temperada, em que as temperaturas são mais amenas.

Forme dupla com um colega. Com base no mapa climático do Brasil, indiquem qual é o clima dos municípios listados a seguir. Para ajudar na localização dos municípios, consultem um mapa político.

- Oiapoque (AP)
- Itatiaia (RJ)
- Caxias do Sul (RS)
- Sinop (MT)
- Palmas (TO)
- Juazeiro (BA)
- Ilhéus (BA)
- Xapuri (AC)

Adaptado de: SIMIELLI, Maria Elena. *Geoatlas*. São Paulo: Ática, 2016. p. 118.

ATIVIDADE 3

» Você já ouviu falar em **climogramas**? Eles mostram a variação climática de uma região no decorrer do ano. Trata-se, portanto, de um importante tipo de representação gráfica para a compreensão da dinâmica atmosférica.

Veja a seguir como fazer a leitura de um **climograma**.

- No **eixo da direita**, encontra-se a escala com os valores indicativos das médias de precipitação, ou seja, da quantidade mensal de chuvas em milímetros por metro cúbico (mm).
- No **centro**, com base nos dados de precipitação de cada mês, é construído um gráfico de barras. Cada barra equivale a um mês do ano (indicados embaixo de cada barra).
- No **eixo da esquerda**, encontra-se a escala com os valores para as temperaturas. A cada mês deve ser marcada a temperatura média registrada. Os pontos são unidos formando a curva de temperatura, que aparece no meio do gráfico. Observe que a temperatura também apresenta uma variação mensal.

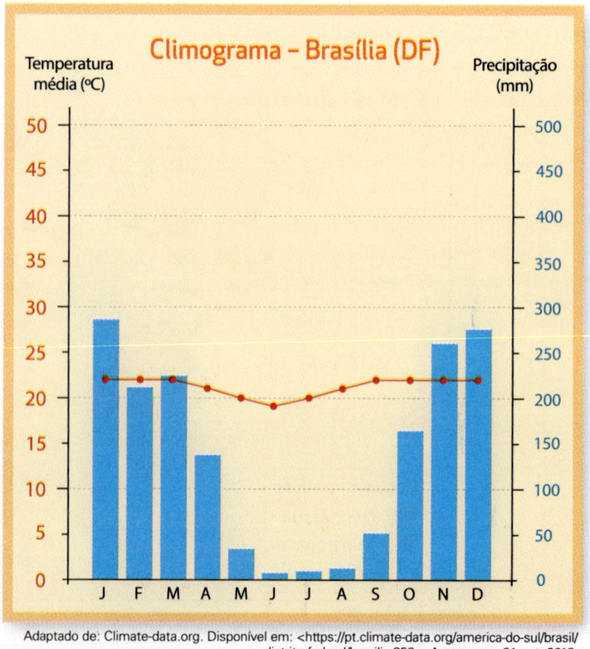

Adaptado de: Climate-data.org. Disponível em: <https://pt.climate-data.org/america-do-sul/brasil/distrito-federal/brasilia-852>. Acesso em: 21 out. 2018.

No caso de Brasília, podemos verificar que, no decorrer do ano, não houve variação expressiva da temperatura, que se manteve em torno de 20 °C.

Em relação às chuvas, os meses de maio a setembro apresentam poucas precipitações se comparados aos demais meses do ano.

a) Com um colega, faça agora a leitura dos climogramas abaixo.

b) Depois, comentem os resultados sobre as variações de chuva e temperatura em um breve parágrafo no Diário de bordo.

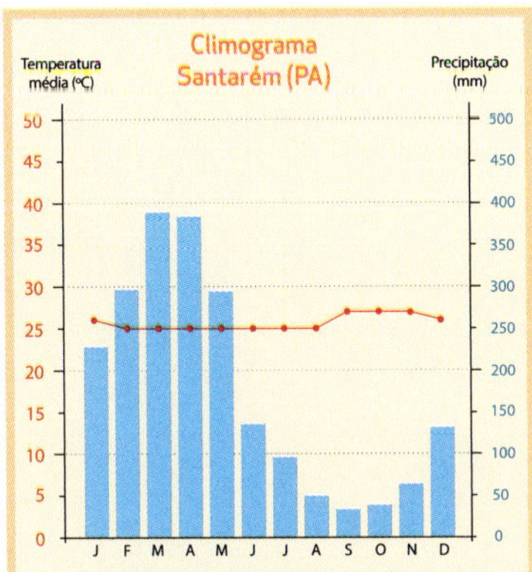

Adaptado de: Climate-data.org. Disponível em:<https://pt.climate-data.org/america-do-sul/brasil/para/santarem-4512/>. Acesso em: 21 out. 2018.

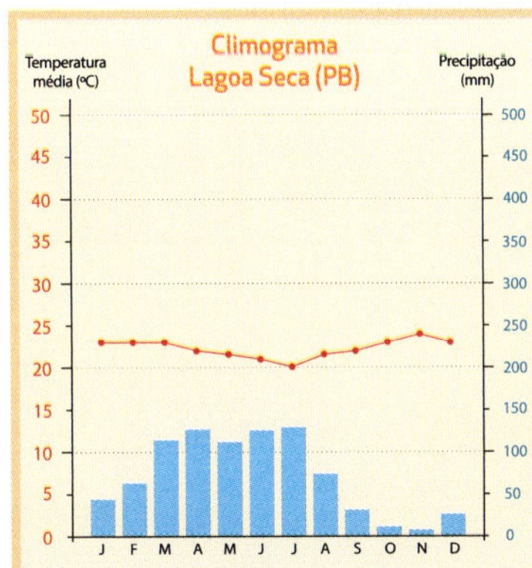

Adaptado de: Climate-data.org. Disponível em: <https://pt.climate-data.org/america-do-sul/brasil/paraiba/lagoa-seca-42672/>. Acesso em: 21 out. 2018.

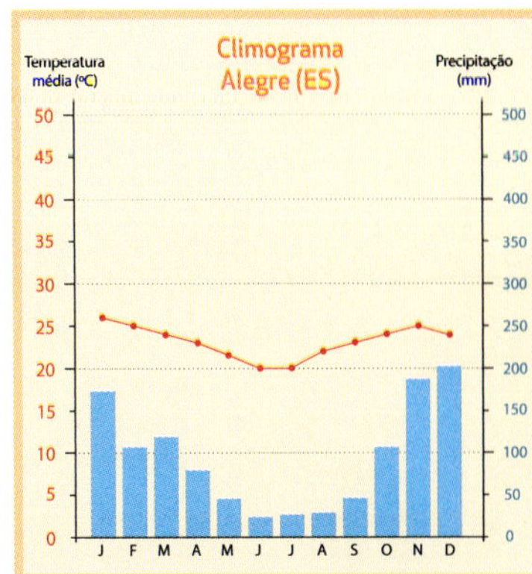

Adaptado de: Climate-data.org. Disponível em: <https://pt.climate-data.org/america-do-sul/brasil/espirito-santo/alegre-27778/>. Acesso em: 21 out. 2018.

Gráficos: Banco de imagens/Arquivo da editora

Atividade 4

» Leia a notícia a seguir, publicada no *site* Climatempo, em fevereiro de 2017, e depois responda às perguntas com um colega.

Muito calor no PR e SC

O **calor intenso** ainda não vai dar trégua à Região Sul do Brasil neste início de semana. Uma forte massa de ar seco continua sobre o Paraná e Santa Catarina e afasta as condições de chuva nos dois estados. O sol forte e as altas temperaturas vêm predominando há vários dias, com registro de poucas pancadas de chuva.

Até a terça-feira (21) o tempo continua aberto, com poucas nuvens no céu, grande incidência de radiação solar e por isso muito calor. Porém, não há expectativa de novos recordes de calor como aconteceu no fim de semana.

Curitiba (PR) registrou no domingo (19) a maior temperatura do ano até agora, com máxima de 33,7 °C, segundo o Instituto Nacional de Meteorologia (Inmet).

Municípios do Paraná e de Santa Catarina ficaram na lista das dez cidades mais quentes do Brasil neste domingo. Veja na próxima página.

Somente o estado do Rio Grande do Sul vem recebendo mais pancadas de chuva. O tempo muito abafado tem favorecido a ocorrência de pancadas de chuva e temporais localizados no estado gaúcho. Ainda nesta segunda-feira (20) e terça, há novamente chance de chuva forte no Rio Grande do Sul.

Quando o tempo vai mudar?

A partir de quarta-feira (22), a **Alta Subtropical do Atlântico Sul (Asas)**, que está barrando a entrada de frentes frias e as mudanças no tempo no Sul, começa a enfraquecer. As áreas de instabilidade vão voltar a se formar aos poucos sobre o Paraná, Santa Catarina e se intensificar no Rio Grande do Sul.

Com o afastamento da Asas, vamos ter [...] uma baixa pressão atmosférica e até o avanço de uma nova frente fria. Todas essas mudanças vão permitir o aumento nas condições de chuva por toda a Região Sul.

"O que vai acontecer é o aumento nas condições de chuva até o final da semana. Não dá para descartar o risco de temporais porque a atmosfera está muito quente sobre a região", comenta a meteorologista Josélia Pegorim.

Muito calor no PR e SC. *Climatempo*. Disponível em: <www.climatempo.com.br/noticia/2017/02/20/muito-calor-no-pr-e-sc-8639>. Acesso em: 17 ago. 2018.

Alta Subtropical do Atlântico Sul (Asas): trata-se de um sistema de alta pressão em que o ar desce das camadas mais altas da atmosfera para as camadas mais baixas, impedindo a formação de nuvens carregadas e inibindo a chuva.

Calor intenso no Brasil
(maiores temperaturas em 19/2/2017)

Município	Temperatura (°C)
Seropédica (Ecologia Agrícola) (RJ)	38,0 °C
Rio de Janeiro (Vila Militar) (RJ)	38,0 °C
Saquarema (RJ)	37,5 °C
Pão de Açúcar (AL)	37,2 °C
Barra Bonita (SP)	37,1 °C
Água Clara (MS)	36,9 °C
Queimadas (BA)	36,8 °C
Maringá (PR)	36,8 °C
Mal. Cândido Rondon (PR)	36,6 °C
Indaial (SC)	36,6 °C

INMET. Disponível em: <www.inmet.gov.br/portal>. Acesso em: 21 out. 2018.

a) Qual é o fator climático que dificulta, segundo a notícia, o fim do calor intenso na região do Paraná e de Santa Catarina?

b) O que significa, no texto, a expressão "incidência de radiação solar"?

c) "O tempo muito abafado tem favorecido a ocorrência de pancadas de chuva e temporais localizados no estado gaúcho". Descrevam a situação climática representada pela expressão "tempo abafado".

d) A que fator se deve a possibilidade de ocorrer temporais na região, segundo a meteorologista Josélia Pegorim?

e) Observem ao lado o gráfico de temperatura do município de Seropédica (RJ) e, primeiro, digam qual é sua temperatura média anual, depois, respondam o que se pode concluir ao comparar a temperatura indicada na notícia com a média do município.

f) Ao comparar as temperaturas indicadas na notícia com a média anual de cada município citado, que resultado provavelmente será encontrado? Expliquem por quê.

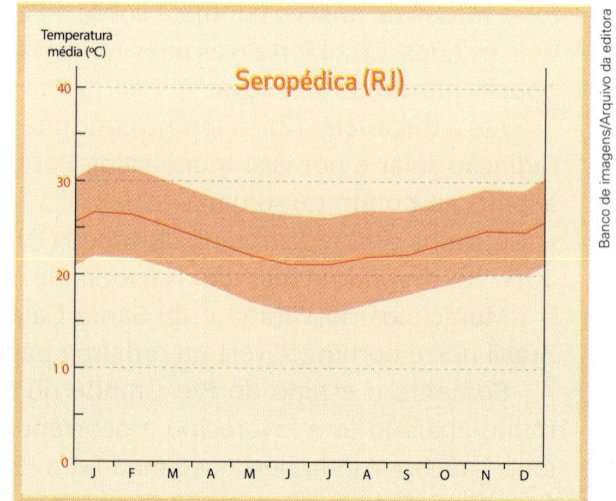

Adaptado de: Climate-data.org. Disponível em: <https://pt.climate-data.org/america-do-sul/brasil/rio-de-janeiro/seropedica-15882/>. Acesso em: 21 out. 2018.

ETAPA 3

Como medir a variação do clima?

Primeiro, é importante deixar claro alguns conceitos:

- **Temperatura** é uma grandeza escalar (aquela que só é totalmente definida quando se utilizam um número e uma unidade de medida) que indica o estado de vibração das moléculas de um corpo.
- **Calor** é a quantidade de energia que flui entre dois corpos por causa da diferença de temperatura entre eles. Ou seja, quando dois objetos com temperaturas diferentes são colocados em contato, flui energia do corpo de maior temperatura para o de menor temperatura, com a finalidade de equilibrar o estado de vibração molecular e atingir o chamado equilíbrio térmico.

« Trocas de calor garantem o equilíbrio térmico, podendo trazer uma sensação de bem-estar.

cynoclub/Shutterstock

Atividade 1

» No dia a dia, em geral as pessoas medem a temperatura tendo como parâmetro as sensações de quente ou frio que experimentam no próprio corpo. Mas será que podemos confiar em nossas sensações para determinar as temperaturas? É possível obter uma medida precisa dessa forma?

- Você vai realizar o experimento a seguir em casa, com a supervisão de um adulto. Não se esqueça de anotar os resultados em seu Diário de bordo e comparar as respostas com as dos colegas.

COMO FAZER UM EXPERIMENTO DE MEDIÇÃO DE TEMPERATURA UTILIZANDO COMO REFERÊNCIA AS PRÓPRIAS SENSAÇÕES

Siga as etapas abaixo:

Você vai precisar de

- três recipientes de tamanho médio (bacia ou pote de sorvete)
- água em três temperaturas diferentes

1. Providencie três recipientes iguais, nos quais caiba uma das mãos com relativo espaço. Pequenas bacias ou potes grandes de sorvete são ideais.

2. Coloque em cada recipiente uma quantidade de água suficiente para cobrir a mão: no primeiro recipiente coloque água gelada; no segundo, água em temperatura ambiente; no terceiro, água morna (quente o bastante para aquecer sua mão). Peça a ajuda de um adulto para aquecer a água.

água gelada | água em temperatura natural | água morna

3. Coloque uma das mãos no recipiente com água gelada e, ao mesmo tempo, a outra no recipiente com água morna. Deixe as mãos mergulhadas por três minutos.

4. Passado esse tempo, mergulhe as duas mãos simultaneamente no recipiente que contém água em temperatura ambiente.

água gelada | água em temperatura natural | água morna

Ilustrações: Primo da Cidade ilustras & Co./ Arquivo da editora

5. Responda em seu Diário de bordo:
   - Era possível saber com certeza qual é a sensação de frio ou calor em cada uma das mãos quando elas estavam mergulhadas em recipientes diferentes?
   - O que aconteceu quando você colocou as duas mãos no recipiente com água em temperatura ambiente?
   - Como você pode explicar o que ocorreu considerando os conceitos de temperatura e equilíbrio térmico?

Atividade 2

» O infográfico abaixo contém uma série de informações que permitem prever dois cenários sobre o futuro do clima no Brasil. Forme uma dupla para resolver as questões.

Reprodução/Acervo O Dia

FUTURO DO CLIMA NO PAÍS

O Centro de Ciência do Sistema Terrestre (CCST) desenvolveu dois cenários de mudanças climáticas para o Brasil, projetando o que poderá ocorrer até 2100. Um, pessimista, tem maiores emissões de gases do efeito estufa e estima um aumento na temperatura **entre 4 graus e 6 graus**. O outro, menos pessimista, prevê aumento médio de **1 grau a 3 graus**.

Região Norte

☹ Redução de 15% a 20% do volume de chuvas e aumento na temperatura do ar em até 6 graus. Possíveis alterações na biodiversidade e nível dos rios mais baixo.

☺ **Redução de 5% a 15% nas chuvas.**

Região Nordeste

☹ Redução no volume de chuvas de até 30% e períodos secos mais intensos, aumento na temperatura em até 3 graus, diminuição do nível do açudes. Impactos na agricultura de subsistência e na saúde. Perda de biodiversidade da Caatinga.

☺ **Mesmos impactos do cenário pessimista mas em menor proporção.**

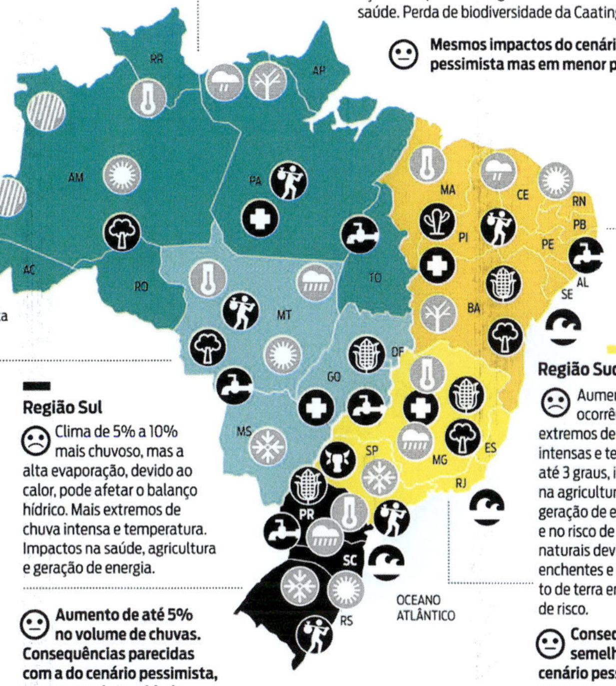

☹ Cenário pessimista

☺ Cenário menos pessimista

Região Centro-Oeste

☹ Aumento da temperatura do ar em até 4 graus, redução da biodiversidade do Pantanal e do Cerrado e impactos na agricultura.

☺ **Mesmos impactos do cenário pessimista, mas em menor proporção.**

Região Sul

☹ Clima de 5% a 10% mais chuvoso, mas a alta evaporação, devido ao calor, pode afetar o balanço hídrico. Mais extremos de chuva intensa e temperatura. Impactos na saúde, agricultura e geração de energia.

☺ **Aumento de até 5% no volume de chuvas. Consequências parecidas com a do cenário pessimista, com menor intensidade.**

Região Sudeste

☹ Aumento da ocorrência de extremos de chuvas intensas e temperatura até 3 graus, impactos na agricultura, saúde e geração de energia, e no risco de desastres naturais devido a enchentes e deslizamento de terra em áreas de risco.

☺ **Consequências semelhantes às do cenário pessimista mas em menor proporção.**

Consequências das mudanças climáticas estimadas

- Impactos na agropecuária
- Impactos na agricultura de subsistência e agro-indústria
- Perda de biodiversidade e ecossistemas naturais e serviços ecossistêmicos
- Riscos de arenização, desertificação e erosão
- Riscos na saúde e bem-estar humano
- Ecossistemas e cidades costeiras afetadas pela elevação do mar
- Conflitos sociais, migração e desemprego
- Disponibilidade de água, qualidade e quantidade; e geração de energia hidroelétrica

Mudanças climáticas projetadas

Aumento de temperatura	A	Aumento de dias secos	B
Aumento de chuva	M	Mais ondas de calor	A
Redução de chuva	M	Menos geadas	A
Aumento extremo de chuva	M		

(Alta) (Média) (Baixa)

Elaborado com base em dados de: CCST – Centro de Ciência do Sistema Terrestre. Disponível em: <www.ccst.inpe.br/diagnosticos/projecoes-climaticas/>. Acesso: em 28 set. 2018.

a) Analisem as previsões pessimistas para cada região do Brasil.

b) Conversem sobre essas previsões. Qual parece ser a mais grave? O que se pode fazer para resolvê-las? Elaborem argumentos que sustentem o posicionamento escolhido.

c) Façam o mesmo em relação às perspectivas menos pessimistas.

d) Entre os problemas gerados pelas mudanças climáticas, quais são os três que, na opinião de vocês, mais afetam a região em que moram? Por quê?

ETAPA 4

Que tal montar com seus colegas uma estação meteorológica na escola? Medir as variações climáticas requer capacidade de colher e observar informações referentes a variáveis e de entender como se comportam fatores mais ou menos estáveis.

Vamos conhecer esses fatores?

ATIVIDADE 1

» A lista a seguir indica os elementos que não estão diretamente relacionados à atmosfera, mas que influenciam as variações do clima. São os chamados **fatores climáticos**:

- Latitude
- Altitude
- Maritimidade em relação à continentalidade
- Vegetação
- Relevo
- Massas de ar
- Correntes marítimas

Façam uma pesquisa na biblioteca da escola ou na internet e definam cada um dos fatores climáticos apresentados na lista acima.

ATIVIDADE 2

» Uma parte importante do acompanhamento das questões climáticas diz respeito à previsibilidade. Vejamos, em dois casos hipotéticos, como trabalhar matematicamente com dados a fim de prever alterações no regime de chuvas.

a) **Caso 1**: Na região A de um país, ocorre, historicamente, uma precipitação de 600 mm por ano. Em uma região vizinha, B, a média histórica é de 650 mm por ano. Na região A, em determinado ano, houve um decréscimo de 10% na quantidade de chuvas, enquanto na região B o decréscimo foi de 15%. Em que região choveu menos?

b) **Caso 2**: Observem a tabela a seguir, que apresenta a média de chuvas de três localidades. Calculem o valor para cada mês de acordo com as indicações e o valor total em mm nas três localidades, comparando a situação inicial e a final.

Localidade	Setembro	Outubro (em relação ao mês anterior)	Novembro (em relação ao mês anterior)
A	300 mm	Aumento de 10%	Aumento de 10%
B	400 mm	Redução de 5%	Aumento de 10%
C	600 mm	Aumento de 10%	Redução de 5%

c) **Caso 3**: Um grupo de pesquisadores de uma universidade pretende desenvolver um projeto, que deve durar dois meses, relacionado à captação de água de chuva. Três municípios ofereceram condições consideradas ideais pelos pesquisadores para essa implantação:

Município	Média de chuva em mm durante os dois meses em que a pesquisa será realizada	Custo para se fixar na cidade por dois meses
A	1000 mm	R$ 7600,00
B	600 mm	R$ 5100,00
C	350 mm	R$ 3500,00

Avaliando a quantidade de chuva em cada município e considerando que:

- os pesquisadores podem fixar seus equipamentos apenas em dois municípios ao mesmo tempo;
- devem coletar três amostras de 350 mm.

Quais são os municípios que, combinados, oferecem a relação mais vantajosa entre a coleta e o custo?

d) Se fosse possível ampliar o tempo de pesquisa do caso 3 até atingir a quantidade necessária de dados, qual seria a melhor opção, considerando fixar os pesquisadores em um único local? No Diário de bordo, montem uma tabela com os dados do custo calculado para dois e para quatro meses em cada município. (Tomem como referência que a média das chuvas permanecerá a mesma por mais dois meses além dos estipulados para a realização do projeto.)

Localidade	Quantidade de volume de chuva por dois meses	Quantidade de volume de chuva por quatro meses	Custo por dois meses	Custo por quatro meses
A	1000 mm			
B	600 mm			
C	350 mm			

Atividade 3

» A proposta é que você e seus colegas montem uma estação meteorológica amadora, com instrumentos de medida que registram informações diferentes, construídos por vocês mesmos.

Essa estação contará com:

- **Biruta**, para medir os ventos.
- **Pluviômetro**, para registrar a quantidade de chuvas em um período previamente definido.
- **Coletor de material particulado**, para registrar a quantidade de poluição existente no ar atmosférico.
- **Termo-higrômetro**, para medir a temperatura e a umidade relativa do ar.
- **Barômetro**, para medir a pressão do ar atmosférico.

Os instrumentos devem ficar próximos e ser fixados em uma área de chão de terra a uma altura aproximada de 1 metro (exceção feita à biruta, que deverá ser fixada diretamente no chão).

COMO MONTAR UMA BIRUTA

Você vai precisar de

- cabo de vassoura
- tira de plástico ou de um tecido leve com 80 cm de comprimento
- bússola para determinar os pontos cardeais
- quatro marcadores, para indicar as direções cardeais, que podem ser bandeiras, pedras ou quaisquer outros objetos que possam ficar no local
- linha de pesca

Siga os passos:

1. Com seus colegas, escolha um local onde haja vento para fixar a biruta.

2. A partir do ponto central, que é onde a biruta deverá ser fixada, defina as direções cardeais usando a bússola.

3. Posicione, no chão, um marcador em cada um dos pontos cardeais. O marcador que indicar o norte deve ser destacado dos demais (pode ser uma pedra mais pontuda, por exemplo).

4. Use a linha para prender a tira de plástico ou de tecido em uma das pontas do cabo de vassoura.

5. A outra ponta do cabo de vassoura deve ser fixada no chão, no local previamente escolhido por vocês.

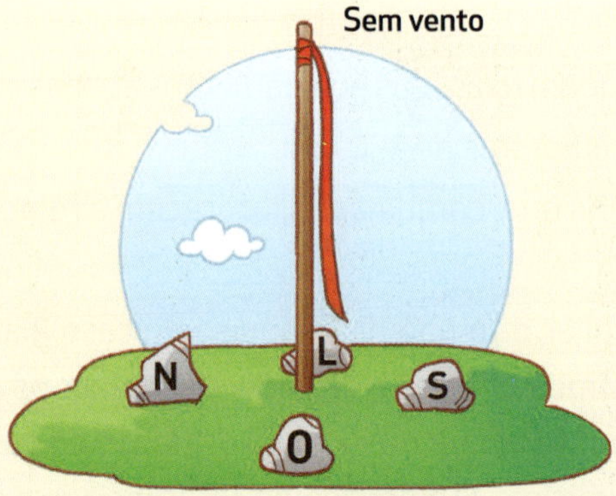

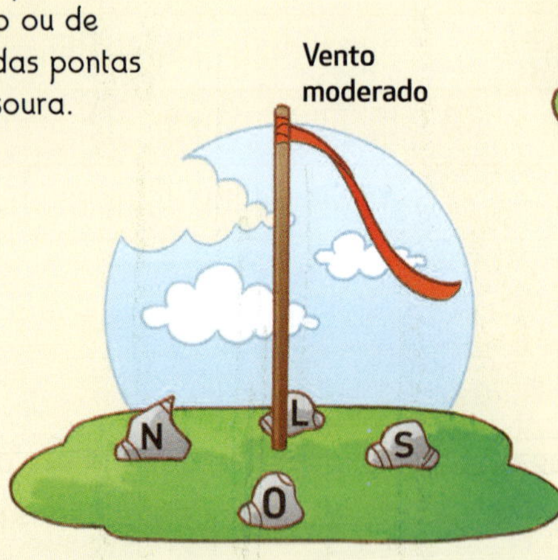

Ilustrações: Primo da Cidade ilustras & Co./Arquivo da editora

Como fazer a leitura dos dados

Uma biruta fornece três dados: se há vento, qual é sua direção e qual é sua intensidade. Monte uma tabela em seu Diário de bordo com espaços para a anotação em diferentes horários e registre, em cada um deles, essas três informações.

COMO MONTAR UM PLUVIÔMETRO

Siga os passos e observe a imagem abaixo para entender como montar o instrumento:

1. Com a ajuda de seu professor, corte a garrafa PET ao meio; vamos utilizar as duas partes.

2. Com a tábua na vertical, apoiada em uma superfície, amarre a metade inferior da garrafa na parte de baixo da tábua, com a abertura virada para cima, de modo que a base da garrafa também fique apoiada na superfície. Para isso, passe a linha de pesca em torno da garrafa e da madeira, prendendo uma na outra. Essa parte será o coletor.

3. Do mesmo modo, prenda a metade superior da garrafa na parte de cima da madeira, com o bocal voltado para baixo, como se fosse um funil. Deixe um espaço de mais ou menos 5 centímetros entre a abertura da garrafa inferior e o bocal da garrafa superior.

Você vai precisar de

- garrafa PET de um litro e meio
- tábua de madeira com 60 cm e 20 cm de largura
- tesoura sem pontas
- linha de pesca
- régua de plástico de 30 cm para medir a água acumulada

Primo da Cidade ilustras & Co./Arquivo da editora

Como fazer a leitura dos dados

Monte uma tabela em seu Diário de bordo para registrar as variações diárias. O pluviômetro deve ser verificado apenas uma vez por dia. É aconselhável realizar as medições pela manhã, para evitar que a água acumulada durante o período noturno evapore. Com a régua, meça a altura da coluna de água acumulada no recipiente no decorrer de um dia e anote esse dado na tabela. Esvazie o coletor depois de fazer o registro. Com base nessas anotações, será possível analisar se houve variação no nível de água acumulada de uma verificação para a outra.

COMO MONTAR UM COLETOR DE MATERIAL PARTICULADO

Siga os passos:

1. Com a ajuda do professor, faça cortes nas laterais do pote para o ar entrar.

2. Fixe a parte externa da tampa do pote na base de madeira.

3. Corte um pedaço de filtro de papel para café com as dimensões de 5 cm × 5 cm, cole-o na tampa que está fixada na base de madeira e encaixe o pote na tampa.

Você vai precisar de

- pote de plástico de tamanho médio com tampa
- base de madeira de 60 cm
- filtro de papel para café
- lupa
- cola
- tesoura sem pontas

Como fazer a leitura dos dados

O coletor de material particulado também deve ser lido apenas uma vez ao dia, de preferência no fim da tarde. Retire com muito cuidado o pote da tampa. Com a ajuda da lupa, conte quantos grãos de poeira você vê no filtro e anote em seu Diário de bordo. Quanto maior o número de grãos de poeira colados no filtro, maior será a poluição do ar (ou quanto maior for a poluição do ar, maior será o conjunto de fragmentos observáveis). A cada observação, o filtro deverá ser trocado.

Primo da Cidade ilustras & Co./Arquivo da editora

COMO MONTAR UM BARÔMETRO

Você vai precisar de

- vidro de conserva
- bexiga
- canudo de plástico
- fita adesiva
- tesoura sem pontas
- cola
- régua

Siga os passos:

1. Corte o bico da bexiga.
2. Use a fita adesiva para fixar a bexiga na parte superior do vidro de conserva de modo a formar uma tampa.
3. Cole uma ponta do canudo sobre a bexiga da maneira indicada na ilustração.
4. Prenda a régua no vidro de conserva para criar uma graduação.

Primo da Cidade ilustras & Co./Arquivo da editora

Como fazer a leitura dos dados

Quando a pressão do ar estiver alta, ela exercerá uma força na bexiga, empurrando-a para dentro; nesse momento, o marcador (canudo) vai recuar, indicando números menores. Quando a pressão atmosférica for fraca, a bexiga ficará deformada para fora, ou seja, quanto maior for o número, maior será a pressão atmosférica. Em diferentes horas do dia, será possível coletar dados diferentes, que deverão ser anotados em seu Diário de bordo.

COMO MONTAR UM TERMO-HIGRÔMETRO

Siga os passos:

1. Fixe os dois termômetros, com cola, na madeira, um ao lado do outro, em paralelo: um será o de bulbo seco, ou seja, medirá somente a variação da temperatura atmosférica, o outro será o de bulbo molhado.

2. Amarre o cadarço na extremidade do termômetro que será o "molhado".

3. A outra ponta do cadarço deverá ficar mergulhada no recipiente com água.

Primo da Cidade ilustras & Co./Arquivo da editora

Como fazer a leitura dos dados

Anote a temperatura do termômetro seco, **ts**.
Em seguida, anote a temperatura do termômetro molhado, **tm**. Calcule a variação de temperatura, **Δt**, entre os dois termômetros utilizando: **Δt = ts – tm**.
Utilize a tabela ao lado para determinar a umidade relativa do ar no momento em que as medidas de temperatura foram feitas. Para isso, basta encontrar a interseção entre os valores de **ts** e **Δt** na tabela.

Você vai precisar de

- dois termômetros utilizados para medir a temperatura do ar
- tábua de madeira com 30 cm e 15 cm de largura
- cadarço de algodão, cortado em tamanho suficiente para uma extremidade cobrir o bulbo de mercúrio e a outra ficar mergulhada no recipiente com água
- recipiente pequeno de aproximadamente 30 mL com água
- cola

t_s \ Δt	0,5	1	1,5	2	2,5	3	3,5	4	4,5	5	6	7	8	9	10
03	92	84	76	69	62	54	47	40	32	25	12	*	*	*	*
04	93	85	77	70	63	56	49	43	35	29	16	*	*	*	*
05	93	86	78	72	65	58	51	45	38	32	30	*	*	*	*
06	94	87	80	73	66	60	54	47	41	35	23	11	*	*	*
07	94	87	81	74	67	62	54	49	43	38	26	15	*	*	*
08	94	88	82	75	69	64	56	51	46	40	29	19	*	*	*
09	94	88	82	76	70	65	69	53	48	42	32	22	12	*	*
10	94	89	83	77	71	66	61	56	51	45	35	26	17	*	*
11	94	89	83	78	72	67	66	57	52	47	37	28	19	*	*
12	94	89	84	78	73	68	63	58	53	48	38	30	21	*	*
13	95	89	84	79	74	69	64	60	55	50	40	32	24	15	*
14	95	90	85	79	75	70	65	61	57	52	48	34	26	18	*
15	95	90	85	80	76	71	66	62	58	53	44	36	28	20	13
16	95	90	85	80	77	72	67	63	59	55	46	38	31	23	16
17	95	90	86	81	77	72	68	64	60	56	48	40	36	25	18
18	95	90	96	82	78	73	69	65	61	57	49	42	35	27	20
19	95	91	87	82	78	74	70	66	62	58	51	54	37	29	22
20	96	91	87	83	79	74	71	66	63	59	58	45	38	31	24
21	96	91	87	83	79	75	71	67	64	60	53	45	39	32	26
22	96	91	88	84	80	76	72	68	64	61	54	47	41	34	28
23	96	92	88	84	80	77	73	69	65	62	54	48	42	36	30
24	96	92	88	85	81	77	74	70	66	63	55	49	43	57	31
25	96	92	88	85	81	78	75	71	67	64	56	51	45	39	36
26	96	92	89	85	81	78	75	71	67	64	58	52	46	40	35
27	96	93	90	86	82	79	76	72	69	65	59	53	47	41	36
28	96	93	90	86	82	79	76	72	69	66	60	54	48	42	37
29	96	93	90	86	82	79	76	73	70	66	61	55	49	43	38
30	96	93	90	86	82	79	76	73	70	66	61	55	50	44	39
31	96	93	90	86	82	80	77	73	70	67	61	56	51	45	70
32	96	93	90	86	83	80	77	73	71	68	62	54	52	46	41
33	96	93	90	86	83	80	77	74	71	68	63	57	58	47	42
34	96	93	90	87	83	80	77	74	71	69	63	58	52	48	43
35	97	93	90	87	84	81	78	74	72	69	64	59	53	49	44
36	97	93	90	87	84	81	78	75	72	70	64	59	54	50	45
37	97	93	90	87	84	81	78	75	73	70	65	60	54	51	46
38	97	93	91	88	85	82	79	75	73	70	66	61	55	51	46
39	97	94	91	88	85	82	79	76	74	71	66	61	56	52	46
40	97	94	91	88	86	82	79	76	74	71	66	61	56	52	47
41	97	94	91	88	86	83	80	76	75	71	67	62	57	53	47
42	97	94	91	88	86	83	80	77	75	72	67	62	57	53	48
43	97	94	91	89	87	83	80	77	76	72	67	62	58	54	48
44	97	94	91	89	87	84	81	77	76	76	72	68	63	58	54
45	97	94	91	89	87	84	81	78	76	73	68	63	59	55	49

Atividade 4

» Enquanto coletam as informações nos instrumentos de medição de elementos climáticos, tabulem os dados.

a) Montem uma tabela no Diário de bordo e preencham-na com o máximo de informações sobre cada instrumento durante as coletas.

b) Criem também um calendário simples para anotar se choveu ou não em sua região nos dias em que as coletas foram realizadas.

Lembre-se

- **Temperatura** elevada e muita **umidade** indicam a existência de vapor de água no ar e aumento da pressão atmosférica; nessas condições é muito provável que ocorram chuvas.
- Quanto maior a umidade, maior é a probabilidade de **precipitações**.
- Observe se a intensidade do vento está deslocando as nuvens para outro local, pois isso significa que vai chover, mas não exatamente no lugar em que você está.

c) Feita a anotação das informações de cada instrumento de medição, verifiquem se a variação dos dados indicava que ocorreria chuva ou não nos dias em que realizaram as medições.

d) Com base nesses dados, é hora de elaborar algumas previsões meteorológicas, que devem ser anotadas no calendário, em dias seguintes aos da última coleta. Discuta com os colegas se, para os próximos três a cinco dias, há possibilidade de chuva:

- Se os dados coletados indicam uma alteração crescente dos valores (temperatura, umidade, ventos, etc.), isto é, se os valores estão em elevação, há possibilidade de precipitação.
- Se os dados permanecem inalterados, a situação meteorológica dos dias em que as coletas foram realizadas continuará se repetindo; ou seja, se chovia, continuará chovendo, se não chovia, o tempo permanecerá seco.
- Se os dados coletados indicam uma alteração decrescente de valores, não há possibilidade de chuva.
- Se alguns dados indicam elevação ou diminuição de valores, enquanto outros se mantêm sem alteração, levantem hipóteses com base em outros aspectos, tais como observação direta de acúmulo de nuvens, regime de chuvas de anos anteriores, época do ano, etc., que podem ser discutidos com o professor.

e) Lembrem-se de que se trata de probabilidade, ou seja, como bons meteorologistas, vocês interpretarão as informações coletadas a fim de buscar prever o tempo.

Primo da Cidade ilustras & Co./ Arquivo da editora

PREVISÕES DO TEMPO

» É hora de compartilhar com a comunidade as informações sobre o clima que você e seus colegas coletaram na estação meteorológica que construíram.

a) Produzam um calendário em forma de folheto com as informações obtidas nas coletas, seguidas de previsões de chuva calculadas para um período de cerca de uma semana.

b) Organizem uma reunião para apresentar as informações coletadas e compará-las com as características climáticas da cidade ou região.

c) Convidem os pais, responsáveis e colegas da escola para essa reunião e distribuam o calendário para eles. O convite pode ser estendido a entidades de classe relacionadas à preservação ambiental ou a agricultores, por exemplo. Profissionais ou pesquisadores que trabalham com o clima também podem ser convidados.

d) Promovam um passeio dos convidados pela estação meteorológica, com uma explicação do funcionamento de cada dispositivo, após a reunião.

e) Façam um registro fotográfico para marcar o evento.

Andre Dib/Pulsar Imagens

À direita da foto, avista-se tempestade. Parque Nacional da Chapada dos Veadeiros, em Alto Paraíso de Goiás (GO). Imagem obtida por drone, em dezembro de 2017.

Avaliação

Converse com o professor e os colegas sobre como foi estudar o clima de modo tão aprofundado.

- Certamente, você já conhecia algo sobre o tema. O projeto ampliou seu conhecimento? De que modo isso ocorreu? Você acredita que o assunto deveria continuar a ser discutido para que você pudesse expandir o que já sabe?
- Gostou de participar da construção de dispositivos para a montagem da estação meteorológica?
- Qual foi sua participação na reunião de divulgação dos dados de previsão de chuva para a comunidade?
- Como você avalia seu desempenho?
- Os convidados gostaram da reunião?

Como divulgar

Como fazer para que mais pessoas conheçam os dados de previsão de chuva que vocês coletaram e organizaram? Veja algumas ideias:

- Montar folhetos impressos com algumas informações gerais e uma tabela que contenha dados obtidos pela estação meteorológica e distribuir para a população do bairro, comunidade ou cidade.
- Disponibilizar uma versão digital dos dados no *site* da escola.
- Criar um calendário com a previsão de chuvas para a região e distribuir para as famílias da escola.

DIÁRIO DE BORDO

Chegou a hora de registrar a finalização do projeto em seu Diário de bordo. Você já refletiu sobre muitos conceitos referentes ao clima, analisou modelos explicativos que justificam a variação climática do planeta, elaborou previsões meteorológicas locais e compreendeu, com um olhar científico, fenômenos que muitas pessoas explicam com base no senso comum.

Falta registrar suas impressões pessoais sobre o projeto. Não se esqueça de relatar também o que aconteceu na reunião sobre o clima que você e seus colegas organizaram.

- Selecione imagens da estação meteorológica que vocês criaram, dando destaque para cada dispositivo.
- Copie as tabelas com os dados de previsão de chuvas e verifique se ela se confirma.
- Resuma em uma ou duas frases o que aprendeu sobre clima neste projeto.
- Descreva o sentimento de ter participado de um projeto em que se discutiram assuntos tão importantes como aquecimento global e seus impactos ambientais e humanos.

SUMÁRIO DO 9º ANO

PROJETO 1 - Futebol e rendimento 90

PROJETO 2 - Identidades brasileiras 108

PROJETO 3 - Entre o global e o local 125

PROJETO 4 - Transmissão digital 145

PROJETO 1

FUTEBOL E RENDIMENTO

› O que é ser um craque da bola?

Cristiano Ronaldo, Moscou, Rússia, 2018.

Andrew Surma/NurPhoto/Getty Images

Messi, Moscou, Rússia, 2018.

Andrew Surma/NurPhoto/Getty Images

Mbappé, Paris, França, 2018.

Catherine Steenkeste/Getty Images

Neymar, Rostov-on-Don, Rússia, 2018.

Gokhan Balci/Anadolu Agency/Getty Images

Cristiano Ronaldo, Messi, Mbappé e Neymar são considerados atualmente craques do futebol mundial.

Introdução ao Projeto 1

Você joga futebol? Você se acha um craque da bola? Gosta de jogar futebol ou de assistir a jogos de futebol no campo ou pela televisão? Ou você é uma daquelas pessoas que só se lembra do futebol quando seu time ganha o campeonato ou quando chega a Copa do Mundo?

Este projeto vai propiciar uma discussão sobre nossa relação com o futebol e sobre a história desse jogo no Brasil, tratando de questões relacionadas à saúde e de critérios de desempenho para classificar alguém como craque, temas a que os brasileiros estão muito ligados, mesmo aqueles que são indiferentes ao esporte.

Vamos usar conhecimentos de Educação Física e Matemática para realizar várias atividades:

- Pesquisar craques atuais de acordo com a mídia.
- Analisar comparativamente o desempenho de jogadores.
- Organizar dados comparativos em tabelas e criar gráficos.
- Estudar o futebol no Brasil no decorrer do tempo.
- Criar um álbum de figurinhas com base em critérios predefinidos.
- Organizar um sábado esportivo para divulgar o álbum de figurinhas para a comunidade.

De olho no tempo

O projeto pode se desenvolver paralelamente à vivência de práticas esportivas, o que propiciará a análise da própria *performance*. Dividam o tempo destinado ao projeto pelas etapas previstas, considerando também a data para realizar o sábado esportivo. O professor poderá ajudá-los na divisão e na gestão do tempo.

Anton Novoderezhkin/TASS/Getty Images

« O futebol é um dos esportes mais praticados nas escolas brasileiras, por meninos e meninas, ao lado do handebol e do basquete.

Diário de bordo

O Diário de bordo deverá conter o registro das informações pesquisadas e os dados necessários para a criação de tabelas e gráficos comparativos. Ele também poderá ser usado para anotar as listas dos jogadores preferidos e até para fazer o rascunho das figurinhas e projetar o álbum.

ETAPA 1

Muitos são os benefícios relacionados à prática de esportes. Entre eles, podemos destacar o aumento da disposição e da qualidade do sono, a melhora da capacidade respiratória e do **sistema imunológico**, a redução de peso e da porcentagem de gordura corporal. Além dos benefícios ligados à saúde, há ainda aqueles ligados à autoimagem e à sociabilidade, incluindo o aumento da cooperação no trabalho em grupo.

É preciso ter cuidado, no entanto, com dietas mágicas, com o excesso de treinamento e com o uso de **anabolizantes**, que prometem resultados rápidos e milagrosos.

Consumir anabolizantes pode ser muito prejudicial para o corpo e trazer sérios riscos à saúde, como aumento da acne, aumento da incidência de tumores, principalmente no fígado, alteração nas taxas de **colesterol**, mudanças de humor e de comportamento, com potencialização da agressividade. Pode comprometer, ainda, órgãos como fígado, rins, coração e cérebro.

O excesso de exercícios também pode ser prejudicial. Ao praticar esportes é necessário respeitar os limites do corpo e buscar o equilíbrio entre estética e saúde. Veja, abaixo, algumas dicas para construir uma boa relação com a atividade física:

- Procurar a opinião de um profissional de Educação Física ou de saúde antes de iniciar uma prática esportiva.
- Conhecer seu corpo, respeitar seus limites e traçar metas possíveis num tempo adequado.
- Incluir a atividade física em seu cotidiano: não adianta se exercitar bastante em uma semana e depois passar um longo período de tempo sem fazer exercícios.
- Priorizar as atividades físicas que trabalhem o corpo como um todo e não apenas exercícios para os braços ou as pernas, por exemplo.
- Cuidar da hidratação e manter hábitos saudáveis de alimentação, consumindo frutas e vegetais em quantidade adequada.

sistema imunológico sistema composto de órgãos e células que se comunicam para defender o organismo contra infecções causadas por bactérias, vírus ou parasitas.

anabolizantes substâncias que provocam o anabolismo, isto é, aumento rápido de massa muscular, usadas ilegalmente por alguns atletas e fisiculturistas.

colesterol gordura encontrada no sangue, originária do fígado ou de alimentos de origem animal, que, quando em excesso, se deposita nas paredes dos vasos sanguíneos, podendo impedir a passagem do sangue.

Caiaimage/Getty Images

A prática de esportes favorece a troca, a cooperação e o respeito pelo outro e pelos limites do próprio corpo.

Esporte de alto rendimento e saúde

Muitas vezes o **senso comum** associa qualquer prática de esportes à saúde. No entanto, a busca por resultados e pela superação de limites pode levar os atletas de alto rendimento a não respeitar as limitações de seu corpo e a desenvolver doenças crônicas, que podem inclusive abreviar sua carreira esportiva.

senso comum conjunto de ideias, opiniões e pontos de vista de um grande número de pessoas em determinado contexto social que se estabelecem e se impõem como naturais e necessários, mas que não apresentam comprovação científica.

Saúde do corpo

Exercício para saúde × esporte de rendimento

Vivemos um período em que a preocupação com melhoria e manutenção da qualidade de vida passou a sensibilizar a população em geral. Além de diversos aspectos é comprovado cientificamente que a prática de exercício é determinante para a manutenção da saúde.

As técnicas e estratégias utilizadas em esportes competitivos foram cientificamente estudadas durante várias décadas, visando exclusivamente à melhoria de *performance* e não necessariamente à saúde dos atletas.

Com a **massificação** da prática de exercícios, alguns conceitos utilizados em esportes de rendimento vêm sendo aplicados em pessoas que buscam a qualidade de vida, causando em algumas situações lesões comuns em atletas.

Apesar de se tratar de exercício físico, treinamento para atletas é diferente do que é recomendado para manutenção da saúde. Em atletas de alto rendimento, o volume e intensidade são maiores, os exercícios são específicos para determinada **modalidade**, os períodos de recuperação orgânica são diferentes, as necessidades energéticas são maiores, além das dores que fazem parte da carreira esportiva.

Quando se trata de exercícios visando à saúde, o objetivo é a manutenção da qualidade de vida, a prática deve ser realizada com prazer e satisfação, respeitando os limites e principalmente que não interfira negativamente nas atividades do dia seguinte, como trabalho e estudo.

Como exemplo, existem corredores de alto nível e pessoas que gostam de participar de **provas de fundo**, mas os objetivos são completamente diferentes. Enquanto o primeiro ganha a vida pelo esporte, o segundo faz por prazer.

[...]

Pense nisso, respeite seus limites, pratique exercícios por prazer e pela qualidade de vida.

massificação processo pelo qual práticas e produtos, antes utilizados por um grupo pequeno, passam a ser consumidos por grande número de pessoas.

modalidade no esporte, refere-se a cada tipo de prática: as chamadas modalidades esportivas, como futebol, basquete, vôlei, ciclismo, atletismo, etc. Em uma mesma prática esportiva pode haver diversas modalidades. O atletismo, por exemplo, apresenta várias, como o salto em altura, a corrida com obstáculos, etc.

provas de fundo modalidades de atletismo relacionadas à corrida, com distâncias acima de 5000 m.

ALMEIDA, Marcelo Algauer. Exercício para saúde × esporte de rendimento. *Tribuna*, 2 fev. 2015. Disponível em: <www.tribunapr.com.br/blogs/de-bem-com-vida/exercicio-para-saude-x-esporte-de-rendimento/>. Acesso em: 27 jul. 2018.

Buscar novidades para se manter saudável é bom, mas, como o texto aponta, é importante respeitar os limites do corpo e não perder de vista que um praticante amador é diferente de um profissional.

Atividade 1

» Faça uma pesquisa de capas de revistas dedicadas à boa forma do corpo, conceito em geral ligado à saúde e às atividades físicas. Você pode procurar na internet, em bibliotecas e em bancas de jornal. Escolha duas capas para análise e faça o que se pede a seguir.

a) Converse com os colegas. Vocês conhecem as pessoas que estão na capa dessas revistas? Por que acham que elas foram escolhidas para figurar na capa?

b) Leiam as chamadas para as matérias que fazem parte da revista. Que temas são abordados nelas?

c) Esses temas revelam preocupação com a saúde ou com a estética? Por quê?

d) Converse com um colega. Vocês identificam algum padrão de beleza hoje? Vocês se sentem presos a ele? É possível haver um único padrão de beleza? Vocês sabem se a noção de beleza se altera de acordo com a época?

e) Se vocês fossem o editor dessas revistas, que matérias sugeririam que fossem publicadas? Por quê?

Futebol e *performance*

Os atletas são exemplos de praticantes de esporte que aliam a *performance* física a uma grande habilidade motora. Você certamente já ouviu falar nos chamados craques, aqueles atletas que se destacam em algum esporte, como futebol, basquete, vôlei, etc. Geralmente utilizado para se referir a um jogador de futebol, esse é um conceito um tanto **subjetivo**, já que os critérios para classificar um jogador como craque podem variar bastante.

subjetivo relativo a sentimentos, impressões e opiniões pessoais; individual, particular.

Vetta/Getty Images

O movimento de chutar a bola demanda habilidades específicas, como equilíbrio, força, pontaria e direção.

Atividade 2

» Leia o texto a seguir, em que se discutem algumas características de um craque de futebol. Depois, faça o que se pede a seguir.

GENIALIDADE E EFICIÊNCIA NO FUTEBOL: O QUE É SER UM CRAQUE?

Existem muitas dúvidas em como definir se um jogador de futebol é um craque ou não, e talvez não haja uma fórmula para garantir uma resposta, mas várias teorias são criadas para ajudar a resolver essa questão. Afinal, o que é ser um craque? Hoje, existem números, muitos, sobre todos os atletas de alto nível do planeta e com isso é possível ver quem tem as melhores estatísticas e, a partir daí, poder dizer se o futebolista é diferenciado ou não.

Porém, há quem ache que só bons números não bastam, e me incluo nessa. É preciso um algo a mais, uma coisa quase mágica, que faz com que todos, ou pelo menos a maioria dos fãs de futebol, reservem o seu tempo para ver esse cara jogar, o craque!

Ter eficiência significa ter a competência de cumprir o que lhe é pedido com o menor número de erros possíveis, e o jogador que consegue isso acaba se destacando e se torna uma importante peça para seu time. Se os onze titulares, ou a maioria deles, conseguem ser eficientes em realizar tudo o que o treinador pede e este for um bom técnico, a equipe consegue bater de frente com muitos times que tenham uma capacidade técnica bem maior, fazendo com que diversas surpresas aconteçam nesse universo do futebol. Por isso, todos no meio buscam essa eficiência e a valorizam quando conseguem obtê-la.

Lionel Messi é um gênio, Cristiano Ronaldo também, mas, eles são diferentes, seus estilos de jogo são distintos, mesmo assim, ambos conseguem mover uma multidão de fãs por causa do jeito que jogam, e eles são exemplos atuais de que dá para conseguir as duas coisas citadas no título desse texto. Eles são craques e são eficientes, e esses dois fatores, juntos, fazem com que grandes atletas como esses surjam.

Uns podem dizer que um é melhor que outro, que um tem mais o dom, ou que o outro tem números melhores. Entretanto, inegavelmente, os dois estão alguns níveis acima da maioria, eles estão sempre um passo ou mais à frente de seus adversários e sua capacidade de pensar durante o jogo, de mudar uma partida de uma hora para outra é uma coisa assustadora, principalmente para quem está jogando contra.

A diferença entre genialidade e eficiência está diretamente ligada ao poder de decisão, ao poder de decidir um confronto complicado em um único lance. Eles vencem uma marcação fechada e bem-feita, seja com um passe em profundidade, um **drible** improvável ou um chute preciso. A capacidade de fazer isso está inerente ao craque, é algo que eles podem fazer em qualquer situação, eles são mágicos por isso, eles tiram um coelho da cartola para ser determinante no resultado da partida.

Enquanto os que são competentes são mais regulares, se tiverem espaço e condições de jogo para fazer o que sabem fazer, eles não erram, e dificilmente não vão ter esse espaço por todos os 90 minutos, é um jogo de paciência, de esperar o momento certo para fazer um **desarme**, uma cobertura, ou até mesmo o gol. Eles procuram estar sempre no lugar certo, na hora certa, e normalmente estão.

O ideal é ser os dois, é ter as duas coisas. Porém, isso raramente acontece e quando acontece, as lendas nascem!

drible domínio da bola, por meio de fintas sobre o adversário.

desarme ato de roubar a bola do adversário.

GENIALIDADE e eficiência no futebol: o que é ser um craque?. *Esportudo*, 20 mar. 2017. Disponível em: <www.esportudo.com/genialidade-e-eficiencia-no-futebol-o-que-e-ser-um-craque>. Acesso em: 26 jul. 2018.

a) Explique o que autor do texto considera eficiência em um jogador de futebol.

b) Para o autor do texto, o que faz de um jogador um craque?

Para o autor do texto, os craques não apenas seguem o **esquema tático** do treinador, mas também têm qualidades técnicas acima da média para fazer **jogadas** inesperadas, bonitas, **de efeito**. Por ter eficiência e genialidade, são também decisivos nas partidas, ganhando títulos para o clube a que pertencem e se tornando lendas do esporte. Podemos ter muitos critérios para definir um craque, e eles podem variar no decorrer do tempo, como veremos nas atividades a seguir.

esquema tático forma de um treinador organizar sua equipe dentro de campo.

jogada de efeito no futebol, as jogadas que se destacam por um alto grau de dificuldade e pela beleza de sua realização.

Atividade 3

» Entre os maiores craques do futebol atual estão Kevin De Bruyne, Neymar Jr. e Antoine Griezmann. Observe na tabela a seguir os números que demostram o desempenho desses jogadores na temporada 2017/2018.

De Bruyne, Manchester, Inglaterra, 2018.

Laurence Griffiths/Getty Images

Neymar, Paris, França, 2018.

Aurelien Meunier/Getty Images

Griezmann, Madri, Espanha, 2018.

Power Sport Images/Getty Images

assistências passes que dão a oportunidade a outro jogador de fazer gol ou cesta.

	Kevin De Bruyne	Neymar Jr.	Antoine Griezmann
Time	Manchester City (Inglaterra)	Paris Saint-Germain (França)	Atlético de Madrid (Espanha)
Partidas jogadas	51	28	51
Gols marcados	11	25	26
Assistências para gol	18	14	11
Eleição como melhor da partida	8	14	9
Minutos jogados	3625	2238	3101

Elaborada pelos autores com base em dados disponíveis em: <www.whoscored.com/>. Acesso em: 29 jul. 2018.

a) Qual foi a média de gols dos três jogadores na temporada?

b) Considerando o tempo de cada jogador em campo, qual deles teve o melhor desempenho em assistências para gols em relação aos minutos jogados?

c) Indique dois fatores que, para você, devem também ser considerados na análise da qualidade de um jogador.

Atividade 4

» Leia o gráfico abaixo. Ele foi elaborado a partir de indicadores da tabela comparativa de desempenho da Atividade 3.

Banco de imagens/Arquivo da editora

Elaborado pelos autores com base em dados disponíveis em: <www.whoscored.com/>. Acesso em: 29 jul. 2018.

- Observando no gráfico os quesitos "gols marcados" e "assistências para gols", a que conclusão podemos chegar se, hipoteticamente, Neymar Jr. tivesse participado do mesmo número de jogos que De Bruyne e Griezmann? Discuta com seus colegas e registre as conclusões no Diário de bordo.

Atividade 5

» Segundo os dados acima, Neymar Jr. costuma realizar uma assistência a cada 160 minutos aproximadamente. Imaginando que ele tenha jogado todos os 90 minutos de cada uma das 28 partidas sem ser substituído, e que tenha feito suas assistências sempre por volta de 160 minutos jogados, faça o que se pede e registre as respostas no Diário de bordo.

a) Quantas partidas Neymar precisou jogar para chegar a cinco assistências?

b) Em que momentos das seis primeiras partidas Neymar deu passe para gol?

c) Estabeleça uma fórmula matemática para calcular a média de assistências que Neymar faz por partida.

d) Em que partidas Neymar Jr. realizou duas assistências seguidas?

ETAPA 2

Há muitas versões para o surgimento do futebol. Um esporte semelhante era praticado há aproximadamente cinco mil anos, no Oriente. Na Grécia Antiga, também teria existido um esporte semelhante ao futebol, chamado de *epyskiros*, que os romanos adaptaram para algo mais violento. Na França, o chamado *soule*, em que 27 jogadores com funções distintas se enfrentavam, tinha regras violentas, que permitiam socar, dar pontapés, rasteiras e outros golpes. No *gioco de calcio*, que surgiu no século XVI em Florença, na Itália, o objetivo era chutar a bola até dois postes paralelos na extremidade de uma praça pública, semelhante ao que seria hoje marcar um gol.

Esse jogo chegou à Inglaterra por volta do século XVII, onde ganhou novas regras e foi sistematizado. No início era praticado pela nobreza, mas aos poucos foi se popularizando. Em 1848, numa conferência em Cambridge, foi elaborado um código único para as regras do futebol, mas somente em 1871 a função de goleiro foi criada. Outras regras foram sendo acrescentadas e, em 1907, o futebol já era jogado de modo muito semelhante ao atual.

Hulton-Deutsch Collection/Corbis/Getty Images

Os primeiros registros de futebol feminino datam de 1898, numa partida entre Inglaterra e Escócia. No Brasil, a primeira partida oficial de futebol feminino aconteceu em 1921. A foto acima, de 26 de maio de 1943, mostra uma partida entre mulheres inglesas que trabalhavam em fábricas de munição na Segunda Guerra Mundial.

O futebol no Brasil

Há mais de uma versão para a chegada do futebol ao Brasil. A oficial aponta o esportista brasileiro Charles Miller (1874-1953) como o introdutor do esporte em nosso país. Ao regressar de uma viagem à Inglaterra com duas bolas de futebol, sugeriu a criação de uma equipe de futebol na comunidade de imigrantes britânicos da cidade de São Paulo, o São Paulo Athletic Club, em 1894.

Segundo outras versões, o futebol teria chegado ao país em 1882, disputado nas escolas jesuítas do interior de São Paulo. Vale destacar também o papel dos imigrantes espanhóis e italianos que trabalhavam nas fábricas do país e jogavam futebol em seu horário de descanso.

Os primeiros clubes de futebol foram fundados na passagem do século XIX para o século XX, como o Sport Club Rio Grande (RS) e a Associação Atlética Ponte Preta (SP), em 1900. A Primeira Liga de futebol criada no Brasil foi a Paulista em 1901.

Na década de 1920, formaram-se as primeiras equipes de futebol profissional, e, na década de 1930, durante o governo de Getúlio Vargas, o esporte ganhou mais visibilidade, transformando-se em um dos símbolos da identidade nacional. A seleção brasileira de 1938, embora não tenha ganhado o mundial, teve o artilheiro da copa, o carioca Leônidas da Silva (1913-2004), com oito gols.

Se liga

Leônidas da Silva é conhecido também como o inventor da bicicleta, movimento em que o jogador inclina o corpo para trás, sem encostar as costas no chão, enquanto se apoia com uma das pernas no chão e coloca a outra acima da região da cabeça, com o objetivo de acertar a bola em um lançamento aéreo. Graças a seu desempenho e ao número de títulos conquistados, Leônidas recebeu o apelido de Diamante Negro.

Alberto Sartini/Acervo do fotógrafo

O inventor da bicicleta, Leônidas da Silva, foi um dos primeiros jogadores negros a conseguir projeção no futebol brasileiro.

A euforia vivida com a seleção de 1950, que foi vice-campeã mundial, perdendo a final para o Uruguai, no Maracanã, e as conquistas das Copas do Mundo de 1958, 1962 e 1970 aumentaram a paixão dos brasileiros por esse esporte. Se nos primeiros tempos, e ainda hoje, o preconceito racial acompanha o futebol no país, em todos os mundiais conquistados pelo Brasil sempre houve negros e afrodescendentes em papel de destaque, como Pelé, Romário, Ronaldinho Gaúcho, Ronaldo Nazário e Rivaldo.

O futebol feminino no Brasil

Em 1908 e 1909, ocorreram partidas de futebol mistas, com homens e mulheres juntos, mas a primeira partida de futebol feminino no Brasil aconteceu em 1921 e foi noticiada como uma atração. Na época, o futebol era considerado impróprio para mulheres, vistas como delicadas e frágeis. O conservadorismo levou à criação de um decreto-lei que proibia às mulheres a prática de esportes considerados incompatíveis com elas.

Somente em 1982, com a revogação desse decreto-lei, foram criadas equipes femininas, e, em 1988, a primeira seleção brasileira de futebol feminino foi convocada. Apesar do pouco incentivo, as brasileiras acumulam títulos, como a conquista de sete Copas América, as duas últimas em 2014 e 2018.

Atividade 1

» Leia a notícia a seguir sobre a jogadora Marta, eleita seis vezes a melhor jogadora de futebol do mundo pela Federação Internacional de Futebol (Fifa).

Rich Barnes/Getty Images

« A jogadora Marta Vieira da Silva, que já havia sido premiada como melhor jogadora de futebol do mundo pela Fifa em outras cinco oportunidades, foi a vencedora entre as finalistas de 2018. A foto de julho de 2018 mostra Marta numa partida com o Japão, nos Estados Unidos.

COM MARTA, FIFA DIVULGA FINALISTAS A MELHOR JOGADORA DO MUNDO

Depois de divulgar os finalistas na categoria técnico tanto do feminino como do masculino, a Fifa anunciou as dez jogadoras que têm chance de levar o prêmio The Best de 2018. Entre as candidatas, Marta aparece novamente na lista, sendo essa a 14ª aparição da brasileira em uma das premiações mais importantes do futebol mundial.

Confira a lista completa das finalistas do prêmio The Best 2018: Lucy Bronze; Pernille Harder; Ada Hegerberg; Amandine Henry; Sam Kerr; Saki Kumagai; Dzsenifer Marozsan; Marta; Megan Rapinoe; Wendie Renard.

Atualmente no Orlando Pride e maior vencedora da competição, com cinco títulos enfileirados entre 2006 e 2010, Marta ficou de fora da lista de dez finalistas pela primeira vez na edição de 2015. No ano seguinte, a brasileira retornou ao grupo seleto graças ao bom desempenho que teve com a camisa da Seleção Brasileira na Olimpíada disputada no Rio de Janeiro. Já no ano passado, a camisa 10 da amarelinha ficou novamente fora da disputa pelo prêmio de melhor jogadora do mundo.

Na edição de 2017, a grande vencedora foi a holandesa Lieke Martens, que concorreu com a venezuelana Deyna Castellanos e a sempre favorita Carli Lloyd, dos Estados Unidos. O **ápice** da ganhadora na última temporada foi quando ajudou a Holanda a conquistar o título europeu de seleções.

ápice o ponto mais alto; auge; o melhor desempenho.

Quem se destacou na eleição desta edição foi a equipe do Lyon, que conquistou o título da Liga dos Campeões Feminina e teve simplesmente seis jogadoras na lista de finalistas do prêmio The Best. Com mais da metade das concorrentes, a premiação deve ficar com uma das atletas do clube francês. A grande vencedora será anunciada no dia 24 de setembro.

COM MARTA, Fifa divulga finalistas a melhor jogadora do mundo. *Gazeta Esportiva*, 24 jul. 2018. Disponível em: <www.gazetaesportiva.com/futebol/com-marta-fifa-divulga-finalistas-melhor-jogadora-do-mundo/>. Acesso em: 26 ago. 2018.

a) Você acompanha o futebol feminino? Em que ocasiões?

b) Você conhece a jogadora Marta? O que sabe sobre sua *performance* futebolística?

c) Marta já foi indicada catorze vezes ao prêmio de melhor jogadora do mundo e já o ganhou seis vezes. O que isso revela sobre seu desempenho no decorrer do tempo?

d) Observe a seguir os jogadores que venceram o prêmio de melhor do mundo da Fifa no período de 2006 a 2010.

Ano	Melhor do futebol masculino	Melhor do futebol feminino
2006	Fábio Cannavaro	Marta
2007	Kaká	Marta
2008	Cristiano Ronaldo	Marta
2009	Lionel Messi	Marta
2010	Lionel Messi	Marta

- Como visto acima, Marta venceu cinco vezes o prêmio em cinco anos consecutivos. Somente outro brasileiro foi premiado no mesmo período: Kaká, em 2007. Mesmo com tantos prêmios, o futebol feminino não tem o mesmo prestígio que o futebol masculino tem em nosso país. Por que vocês acham que isso acontece?
- Vocês acham que essa falta de prestígio do futebol feminino ocorre apenas no Brasil ou no mundo todo? Vocês conhecem países onde há maior valorização do futebol feminino?

e) Na sua escola, tanto meninos como meninas jogam futebol? Todos têm a oportunidade de participar de competições?

Atividade 2

» Leia a manchete a seguir.

Futebol é coisa de menina

O esporte pode servir para desconstruir alguns estereótipos sexistas

FUTEBOL é coisa de menina. *Veja Rio*. Disponível em: <https://vejario.abril.com.br/blog/fabio-barbirato/futebol-e-coisa-de-menina/>. Acesso em: 30 jul. 2018.

- Converse com seus colegas sobre a manchete acima. Para vocês, o futebol feminino pode contribuir para mudar a mentalidade das pessoas? Anote os principais argumentos levantados em seu Diário de bordo.

Atividade 3

» Os números da tabela a seguir mostram o desempenho de três importantes jogadores brasileiros: Romário, Ronaldo Nazário, conhecido como "Fenômeno", e Ronaldinho Gaúcho. As opiniões variam sobre quem teria sido o melhor dos três.

	Ronaldinho Gaúcho	Ronaldo Nazário	Romário
Títulos pela seleção brasileira	1 Copa do Mundo 1 Copa América	2 Copas do Mundo 2 Copas América	1 Copa do Mundo 2 Copas América
Número de jogos na carreira	782	617	959
Total de gols marcados na carreira	278	414	745
Eleições como Melhor Jogador do Mundo pela Fifa	2	3	1

Elaborada pelos autores com base em dados disponíveis em: <https://www.ogol.com.br/home.php>. Acesso em: 30 jul. 2018.

a) Converse com pessoas mais velhas que tenham visto esses jogadores atuar e pergunte a elas quem elas consideram o melhor deles e por quê.

b) Faça uma pesquisa na internet e assista a vídeos que mostrem gols e a atuação desses jogadores. Depois, retome os números da tabela e responda: Dados estatísticos são suficientes para indicar a habilidade de um jogador? Por quê? Registre suas ideias no Diário de bordo.

Atividade 4

» Não temos muitos elementos e dados para analisar o desempenho dos jogadores brasileiros das primeiras gerações campeãs do mundo. Mesmo assim, é possível levantar alguns aspectos e formar uma opinião. Com seus colegas, façam uma pesquisa na internet sobre a carreira dos jogadores Pelé, Garrincha e Vavá, cujos dados estatísticos constam da tabela a seguir.

a) Leiam reportagens de época e assistam a vídeos em que esses jogadores sejam destaque.

b) Concluída a pesquisa, respondam: O desempenho dos jogadores do passado era melhor, igual ou pior do que o dos jogadores da atualidade?

c) Procurem fundamentar seu ponto de vista com exemplos retirados da pesquisa e de informações atuais. Registrem suas conclusões no Diário de bordo.

	Pelé	Garrincha	Vavá
Copas do Mundo conquistadas pela seleção brasileira	3	2	2
Número de jogos pela seleção brasileira	114	61	23
Gols marcados pela seleção brasileira	95	17	14

Elaborada pelos autores com base em dados disponíveis em: <www.campeoesdofutebol.com.br/>; <http://terceirotempo.bol.uol.com.br/>; <www.portalolm.com.br/>. Acesso em: 30. jul. 2018.

ETAPA 3

Você provavelmente conhece os álbuns de figurinhas de jogadores de futebol, muito comuns na época da Copa do Mundo. Nesta etapa, você vai criar as figurinhas de seu álbum de craques preferidos. Para isso, terá de escolher seus craques com base em critérios próprios e produzir as figurinhas. As atividades a seguir vão ajudá-lo nessa tarefa.

Se liga

Na Copa de 1950, que aconteceu no Brasil, foi publicado o primeiro álbum de figurinhas de jogadores das seleções de que se tem conhecimento. A ideia foi de uma indústria de balas e chocolates, A Americana Ltda. Ao adquirir balas, o comprador recebia figurinhas de brinde. O álbum se chamava *Balas Futebol!*.

Álbum de figurinhas da Copa de 1950.

Reprodução/Coleção particular

Atividade 1

» Inicialmente, você vai criar 24 figurinhas que serão coladas em seu álbum.

a) Defina alguns critérios para escolher seus craques preferidos. Veja algumas sugestões:

- Critérios técnicos: chute potente, velocidade, capacidade de drible, gols marcados, assistências para gol, boas defesas, etc.
- Conquistas do(a) jogador(a): títulos nacionais e internacionais, prêmios de melhor jogador(a) da partida ou melhor jogador(a) do mundo, etc.
- Personalidade do(a) jogador(a): dedicação em campo, declarações à imprensa, contribuições sociais ou à comunidade a que pertencia antes de se tornar jogador(a), etc.

b) Decida que informações sobre os(as) jogadores(as) escolhidos(as) você vai colocar em cada figurinha. Como é preciso indicar o nome do(a) jogador(a), o ideal é colocar apenas mais duas informações, abaixo do nome dele(a), para a figurinha não ficar muito grande.

c) Para criar as figurinhas, você pode usar programas de computador, recortar imagens de revistas e jornais ou desenhá-las à mão. Para cada craque escolhido(a), desenhe ou selecione imagens e indique, embaixo da imagem, o que o(a) define como um(a) jogador(a) extraordinário(a). Você pode usar os mesmos critérios para criar todas as figurinhas ou variá-los de acordo com o(a) jogador(a). Veja os modelos a seguir e rascunhe suas figurinhas no Diário de bordo.

Lars Baron/FIFA/Getty Images

Cristiane - atacante

- Artilheira da seleção brasileira em Olimpíadas
- Qualidade na finalização para o gol

Mike Hewitt/FIFA/Getty Images

Gabriel Jesus - atacante

- 10 gols pela seleção brasileira
- Grande capacidade de drible

Atividade 2

» Agora você vai criar seis figurinhas para trocar com os colegas. Seu álbum completo será formado pelas 24 figurinhas que você vai criar mais essas seis que você vai trocar com os colegas.

a) Para criar as figurinhas de troca, escolha seis craques diferentes dos(as) que você escolheu para compor seu álbum. Esses(as) craques não podem jogar nos dias de hoje, já devem ter se aposentado dos gramados. Essas figurinhas serão coladas nas páginas finais do álbum com o título "Craques de todos os tempos".

b) Crie essas figurinhas como as anteriores, indicando a razão para a escolha de cada craque. Você pode se basear nos modelos a seguir e rascunhar suas figurinhas no Diário de bordo.

Getty Images Europe/Getty Images

Rivaldo – meio-campo

- Qualidade no passe e nos lançamentos
- Excelente armador de jogadas

Bongarts/Getty Images

Zico – meio-campo

- Qualidade no passe e na finalização para o gol
- Excelente cobrador de faltas

ETAPA 4

Agora que as figurinhas estão prontas, é preciso criar o álbum onde elas serão coladas. Ele poderá ser feito de modo digital ou artesanal. As atividades a seguir vão ajudar você nessa criação.

ATIVIDADE 1

Você já fez diagramação no 8º ano. Veja a página 63.

» Inicialmente, organize a **diagramação** de seu álbum. Considere esses elementos: página 1 – capa, com imagem e título; a partir da página 2 até a página 9, três figurinhas por página; nas páginas 10 e 11, o título "Craques de todos os tempos"; na página 12 – contracapa com os créditos. Use seu Diário de bordo para esse registro.

diagramação elaboração de um esquema (de dimensões e formato iguais aos da publicação final) em que aparecem devidamente calculados e representados todos os elementos (textos, legendas, fotos, ilustrações, etc.) que comporão o material a ser confeccionado.

ATIVIDADE 2

» Com a diagramação em mãos, é hora de produzir o álbum. Siga o roteiro.

Você vai precisar de

- folhas de papel sulfite tamanho A4
- canetas coloridas
- fotos e imagens coloridas para a capa
- tesoura sem pontas, cola e grampeador ou
- computador com editor de texto

COMO CRIAR UM ÁLBUM ARTESANAL

Sigas os passos abaixo:

1. Você vai precisar de três folhas de sulfite dobradas ao meio. Coloque uma folha sobre a outra.
2. Faça a capa usando imagens e escrevendo o título de seu álbum.
3. Desenhe três espaços para a colagem das figurinhas em cada uma das dez páginas seguintes.
4. Na antepenúltima página escreva o título: "Craques de todos os tempos". Nessa página e na penúltima você vai colar as figurinhas de craques do passado que você trocou com os colegas.
5. Na contracapa, ou seja, na última página, escreva os créditos: seu nome completo, a classe e a escola em que estuda, e se seu álbum homenageia alguém ou é dedicado a alguém.
6. Junte as páginas na ordem e as grapeie.

COMO CRIAR UM ÁLBUM DIGITAL

Sigas os passos abaixo:

1. Use um computador com editor de texto e acesse um programa de criação de livretos.
2. Clique em *Mais tamanhos de páginas em branco*, depois em *Livretos*, escolha *Livreto 1/2 A4* e clique em *Criar*.
3. Confirme *Sim* para criar um livreto e insira páginas para que ele fique com um total de doze páginas.
4. Faça a capa usando imagens digitais ou a deixe em branco para desenhar nela depois que for impressa.
5. Insira três caixas de texto em cada uma das oito páginas seguintes para poder colar nelas as figurinhas. Nas páginas 10 e 11, onde ficarão as figurinhas de craques do passado, inclua o título: "Craques de todos os tempos".
6. Na contracapa, crie uma caixa de texto e digite os créditos: seu nome completo, a classe e a escola em que estuda, e se o seu álbum homenageia alguém ou é dedicado a alguém.
7. Imprima o álbum e grampeie as páginas.

Atividade final

André Lucas Almeida/Futura Press

Álbum de figurinhas

» Chegou o momento de completar e compartilhar os álbuns!

a) Primeiro, cole em seu álbum as 24 figurinhas que criou. Depois, analise as figurinhas de craques do passado que foram criadas pelos colegas, negocie com eles as que você quer trocar e complete seu álbum, colando as seis figurinhas trocadas nas páginas reservadas aos "Craques de todos os tempos".

b) Para compartilhar os álbuns com um maior número de pessoas e incentivar a prática esportiva na comunidade escolar, vocês podem organizar um sábado esportivo, com partidas de futebol que envolvam os professores, os alunos, seus familiares e alguns convidados.

c) Com a ajuda do professor, escolham uma data e verifiquem se as quadras esportivas da escola poderão ser usadas. Se não for possível usá-las, pensem em fazer os jogos numa praça do bairro ou da cidade.

d) Formem equipes com os convidados presentes no evento, misturando meninos, meninas e adultos.

e) Combinem as regras e a duração das partidas. Entre um jogo e outro, apresentem seus álbuns aos convidados e contem para eles como os criaram. Vocês também podem imprimir cópias dos álbuns, tanto os digitais como os artesanais, para presentear algum convidado especial. Se quiserem, fotografem os álbuns dos colegas de que mais gostaram.

f) Todo mundo tem uma opinião sobre o futebol no Brasil! Então, pergunte aos convidados se eles teriam escolhido as mesmas figurinhas que você.

Kevin Dodge/Getty Images

Um jogo de futebol em que todo mundo participa é uma boa oportunidade para praticar esportes e se divertir. »

Avaliação

Converse com os colegas e o professor sobre como foi criar um álbum de figurinhas com seus(suas) craques preferidos(as):

- Você refletiu sobre a relação entre esporte e saúde?
- Gostou de escolher craques e criar figurinhas?
- O evento de lançamento foi tão divertido quanto você esperava?
- Que etapas do trabalho foram suas preferidas? Em quais delas sentiu mais dificuldade? Por quê?
- Você aprendeu mais sobre o futebol?

Como divulgar

Seria muito importante que outras pessoas conhecessem os álbuns que vocês elaboraram e soubessem como foi o sábado esportivo. De que maneiras vocês podem conseguir isso?

- Realizando uma exposição dos álbuns na biblioteca da escola?
- Fotografando e filmando partidas do sábado esportivo para postar em redes sociais?

DIÁRIO DE BORDO

Você deve estar satisfeito com a conclusão de seu álbum, mas lembre-se de que o processo de criação dele também foi muito importante. No Diário de bordo, você fez diversos registros relacionados ao projeto: calculou o desempenho de jogadores com base em dados estatísticos, refletiu sobre como o futebol pode ajudar a desconstruir estereótipos, opinou sobre o que faz de um jogador um craque, registrou informações, rascunhou figurinhas e projetou seu álbum.

É hora de finalizar o registro com suas impressões pessoais. Comente também sobre o sábado esportivo organizado para compartilhar o álbum com a comunidade.

- Fotografe sua página preferida do álbum e cole a foto no Diário de bordo.
- Anote o nome dos colegas com quem trocou figurinhas.
- Escreva uma frase sobre alguns jogadores representados em seu álbum. Será que daqui a um ou dois anos você terá a mesma opinião sobre eles?
- Descreva o sentimento de ter feito seu próprio álbum de figurinhas e de ter participado do torneio do sábado esportivo.

IDENTIDADES BRASILEIRAS

› Que brasileiro eu desejo ser?

Fabio Colombini/Acervo do fotógrafo

Getty Images/Blend Images

Cesar Diniz/Pulsar Imagens

João Prudente/Pulsar Imagens

⩓ O povo brasileiro é marcado pela diversidade e pela miscigenação.

Introdução ao Projeto 2

Como você vê o Brasil? Um país promissor e festivo? Um país com muita diversidade? Um país preconceituoso e excludente? Em que Brasil você gostaria de viver no futuro? O que mudaria nele?

Neste projeto, você vai discutir a formação das identidades brasileiras no decorrer do tempo, revisando criticamente a história do país e refletindo sobre o brasileiro que você deseja ser.

Vamos utilizar o que você e seus colegas já sabem do assunto e também conhecimentos de Geografia e História para realizar várias atividades:

- Pesquisar como os brasileiros veem a si mesmos.
- Levantar aspectos culturais ligados à identidade nacional no decorrer do tempo.
- Definir aspectos que identificam você como brasileiro e como você gostaria de ser identificado.
- Criar uma história em quadrinhos (HQ) que inclua quebras de estereótipos e projeções de desejos para o futuro.
- Organizar o lançamento da HQ para a comunidade escolar.

De olho no tempo

Este é um projeto que prevê um tempo de estudo para o debate de ideias e para a criação e produção das histórias em quadrinhos. Com seus colegas, defina uma data para o lançamento das histórias em quadrinhos e divida o tempo entre as etapas previstas. Lembrem-se de prever mais tempo para a criação das HQs, por se tratar de um texto composto de múltiplas linguagens. O professor poderá ajudá-los na divisão e na gestão do tempo.

Digital Vision/Getty Images

« A diversidade humana nos torna mais ricos culturalmente e mais dispostos a conviver com as diferenças.

Diário de bordo

Utilize o Diário de bordo, ao longo deste projeto, para registrar novas informações, dados coletados e suas ideias. Nele você também vai rascunhar sua história em quadrinhos e registrar o planejamento para o lançamento dela.

ETAPA 1

Se você tivesse de explicar para alguém de outro país o que é ser brasileiro, o você diria?

A identidade de uma pessoa pode ser definida por uma série de aspectos, como o lugar onde nasce, a etnia, sua crença religiosa, o gênero com o qual se identifica, a orientação sexual, a concepção política, os valores e as ideias que compartilha com diferentes grupos. Até o time de futebol para o qual torce e os filmes, livros e músicas prediletos ajudam a definir a identidade de alguém.

Quando falamos das marcas de identidade de um país, a questão se torna ainda mais abrangente e é praticamente impossível tratar desse tema no singular: não há uma única forma de definir o brasileiro, e essas identidades variam no tempo e no espaço, de grupo para grupo, de comunidade para comunidade.

No período em que o Brasil era colônia de Portugal, por exemplo, os portugueses que habitavam essas terras não se identificavam como brasileiros, mas como "reinóis", ou seja, aqueles que tinham nascido no reino de Portugal. Já os africanos escravizados e os indígenas nativos se identificavam com seus povos e culturas de origem.

Depois de proclamada a independência do Brasil, em 1822, tornou-se urgente construir uma identidade que diferenciasse o país de Portugal, reafirmando a independência recém-conquistada. As matas abundantes e os povos indígenas, que antes não eram valorizados, quando comparados à Europa enriquecida pelo comércio, foram ressignificados e transformados em símbolos nacionais. No entanto, a matriz europeia foi também considerada uma parte importante de nossa identidade: a miscigenação entre europeus e indígenas estaria na base do surgimento do Brasil como nação. Como a escravidão, que já tinha sido proibida na maior parte do mundo ocidental, ainda sustentava a economia brasileira, não se deu visibilidade ao africano escravizado e à sua cultura. Essa era uma forma de não associar a identidade da nação recém-criada à violência da escravidão.

Romulo Fialdini/Tempo Composto/
Museu Nacional de Belas Artes, Rio de Janeiro

O indígena foi usado pelos artistas do século XIX para representar a identidade nacional brasileira em formação. Nesta tela de José Maria de Medeiros, *Iracema*, de 1881, é retratada a personagem do romance de José de Alencar, de 1865.

Na década de 1930, período em que Getúlio Vargas esteve no poder, houve uma nova onda de preocupação com a identidade nacional. A ideia era reforçar a imagem do brasileiro trabalhador, que englobasse todos os moradores do país, especialmente os que habitavam os espaços urbanos. Com isso, a ideia do governante era criar uma proposta nacional para industrializar o Brasil e fazer dele um país moderno. Afrodescendentes, descendentes de europeus, imigrantes e miscigenados deviam todos se reconhecer como parte de um país único e em desenvolvimento, compartilhando uma mesma identidade.

Hoje, ainda podemos nos perguntar, em um mundo tão globalizado, o que significa ser brasileiro e que país desejamos para nós? Para refletir um pouco mais sobre esse processo de construção da identidade nacional, realize as atividades a seguir.

Maksim Bogodvid/Sputnik/Agência France-Presse

É comum ver torcedores usando cocares e outros símbolos indígenas em jogos da seleção brasileira de futebol. Embora constitua um estereótipo, não deixa de ser reflexo de alguma consciência da presença indígena em nossa sociedade. Arena Kazan, Rússia, julho de 2018.

Atividade 1

» Leia o fragmento de texto a seguir, que trata da sociedade brasileira do século XIX.

Numa sociedade como a brasileira, dependente do trabalho escravo negro e com uma população fortemente **miscigenada**, a cor da pele, do mais negro ao mais branco, era um sinal também da posição do indivíduo na **pirâmide social**. Esta era fortemente **estratificada**, quer dizer, dividida em três camadas bastante distintas: no alto, as famílias dos grandes proprietários rurais, grandes comerciantes e altos funcionários do Estado, todos tidos por brancos (mesmo sendo morenos e mestiços); no meio, uma camada extensa de homens livres, pequenos proprietários ou dependentes e **agregados**, dominando aí os mestiços e mulatos; e, embaixo, os escravos negros. [...]

RONCARI, Luiz. *Literatura brasileira*: dos primeiros cronistas aos últimos românticos. São Paulo: Edusp, 1995. p. 471.

miscigenada mestiça, misturada, resultante do cruzamento de etnias diferentes.

pirâmide social classificação dos indivíduos e grupos com base em dados e condições socioeconômicas comuns.

estratificada disposta em camadas.

agregados aqueles que vivem com uma família como se fossem parentes.

a) O texto trata das consequências da colonização europeia no Brasil, principalmente o escravismo. Por que, segundo o texto, a cor de pele desempenhava um papel importante na sociedade brasileira do século XIX?

b) O texto aponta uma contradição, já que a sociedade brasileira era muito miscigenada, mas ao mesmo tempo estabelecia diferenças marcantes entre brancos e negros. Qual é o sentido dessa contradição no contexto de uma sociedade escravista?

c) Para você, é possível afirmar que o escravismo deixou marcas na sociedade brasileira que persistem ainda hoje? Converse com um colega.

d) Como é possível combater as heranças deixadas pelo escravismo? Converse com um colega.

Atividade 2

» Em 2006, o Conselho Nacional de Mulheres Indígenas (Conami) publicou um livro chamado *Natyseño*, que significa mulher forte, guerreira, na língua terena. Na obra, encontramos depoimentos de mulheres indígenas que são líderes em suas comunidades. Leia a seguir trechos do depoimento de uma dessas mulheres.

CREUZA SORIPA

Creuza Soripa é **cacique** da aldeia Umutina, localizada no município de Barra dos Bugres, Mato Grosso.

Eleita duas vezes presidente da Associação das Mulheres Otoporé, convenceu as mulheres de que não podia acumular tantas funções e mostrou que todas eram capazes de estar à frente da Associação. Hoje, por insistência de suas companheiras, ainda é a vice-presidente.

Com pouco **estudo formal**, aprendeu muito bem a sua língua e luta por melhorias para todo o povo Umutina.

cacique chefe indígena.

estudo formal aquele que acontece na escola, de forma sistematizada.

Creuza dedica um bom tempo de seu trabalho para visitar as aldeias vizinhas e se reunir com as mulheres e com os homens, para discutir sobre o movimento indígena e a realidade das aldeias. Conversando, Creuza tenta quebrar a resistência masculina ao movimento das mulheres. Explica que elas não querem competir e sim fortalecer o movimento e a luta pelos direitos indígenas, hoje tão difíceis de serem respeitados e reconhecidos pela sociedade brasileira.

[...]

Associação

[...] "Começamos a colocar na cabeça de um e de outro. A mulherada foi falando e quando a gente percebeu já tinha uma associação das mulheres, a Associação das Mulheres Otoporé. Foi o meu tio Junaparé, quando ainda estava vivo – Junaparé é homem guerreiro –, que escolheu o nome Otoporé, que significa mulher guerreria, mulher que busca, mulher que vai lá na frente, mulher que luta, mulher brava.

"Agora estamos correndo atrás para levantar aqui na aldeia a casa da Associação, uma casa do artesão, para colocar um bocado de artesão aqui dentro da aldeia. É disso que a Associação está correndo atrás. Queremos montar mais um ponto de turista, para vender nosso artesanato, porque aqui a nossa renda é essa. Na Associação trabalham 10 mulheres.

[...]

Secom/Governo de Mato Grosso

Cacique Creuza Soripa, da aldeia Umutina, em Barra dos Bugres (MT).

Tradição

"Aqui nós perdemos a linguagem, não se fala mais a língua. A cultura mesmo, até hoje ainda se faz. Não esqueceram. Agora estão aprendendo mais sobre a nossa cultura, porque estão na faculdade (Curso Superior de Licenciatura Indígena da Universidade do Mato Grosso – Unemat). Por causa disso, trouxemos a escola para cá, para passar esse trabalho. Eu acho que os mais velhos têm que juntar com eles.

"Eu não esqueci a língua da minha mãe, porque eu procurei um tio velho e fui gravando. Ele foi falando, falando e eu gravei tudo que meu tio foi falando. Eu sabia que ele estava morrendo e eu fui gravando. Foi dessa fita que fui aprendendo e divulgando."

[...]

CONAMI – Conselho Nacional de Mulheres Indígenas (Org.). *Natyseño:* trajetória, luta e conquista das mulheres indígenas. Belo Horizonte: Fale/UFMG, 2006. p. 11-17.

a) Que atitudes mencionadas no texto confirmam a capacidade de liderança da cacique Creuza?

b) Que argumentos Creuza utiliza para convencer homens e mulheres da importância do movimento das mulheres na associação?

c) Que ações a Associação das Mulheres Otoporé desenvolve?

d) Segundo o depoimento de Creuza, por que é importante preservar a língua umutina?

e) Você conhece outras associações em que mulheres atuam na liderança? Sabe quais são seus objetivos? Converse com um colega.

Atividade 3

» Hoje existem muitos movimentos que têm como objetivos a reivindicação de direitos e a busca pela manutenção da identidade da comunidade a que pertencem.

a) A seguir, conheça algumas possibilidades de atuação. Em grupo, escolha uma dessas lideranças e pesquise a atuação dela em sua região, registrando as informações encontradas no Diário de bordo.

- Grupos de capoeira, de frevo, blocos de carnaval, grupos de artistas e ritmos regionais.
- Líderes comunitários, religiosos, culturais.
- Coletivos de gênero, grupos de combate à violência contra a mulher, grupos de combate à homofobia.
- Movimentos de luta por acesso a terra, moradia e educação.
- Grupos de preservação das tradições indígenas, quilombolas, caipiras, caiçaras, ribeirinhas.
- Grupos de representação de excluídos.

b) Depois de realizada a pesquisa, cada grupo de alunos deve compartilhar com a classe as informações obtidas. Registre as informações que julgar importantes no Diário de bordo.

ETAPA 2

Nossa identidade se forma não apenas da maneira como nos vemos e nos entendemos. O olhar do outro também é fundamental nessa construção. Ao se diferenciar de um colega por suas escolhas, gostos e valores, você consolida sua identidade, aquilo que faz de você alguém com características próprias.

O mesmo acontece com as diferenças entre povos e países. Ao compararmos o Brasil com outros países, entendemos melhor as marcas específicas do povo brasileiro, o que compartilhamos com outras culturas e em que nos diferenciamos. Muitas vezes, um olhar superficial para culturas diferentes da nossa costuma gerar conclusões precipitadas e distorcidas. Por isso, aprender outras línguas e conhecer outras culturas pode nos ajudar a perceber o que é característico de cada povo, sem criar estereótipos e preconceitos.

Atividade 1

» Nos últimos anos, o tema da corrupção tem sido muito discutido em nosso país. Embora boa parte dos brasileiros condene a corrupção no cenário político, muitos não reconhecem como problemáticas certas práticas do cotidiano, como aponta o texto a seguir.

"JEITINHO BRASILEIRO"

Colar na prova da escola. Furar fila. Não devolver aquele troco que foi entregue a mais. Aproveitar o contato de alguém que pode agilizar a **burocracia** para conseguir algo. Dirigir sem carteira. Dirigir depois de consumir bebida alcoólica. Sonegar impostos. Tentar sair do país com dinheiro não declarado. Roubar dinheiro público ou se aproveitar da máquina pública em benefício próprio. Qualquer um desses atos, ou qualquer outro "jeitinho brasileiro", pode ser considerado corrupção.

burocracia sistema de regras e rotinas obedecidas por órgãos públicos e privados com grande número de exigências, que prolonga o atendimento e prejudica a qualidade dos serviços prestados às pessoas.

[...]

De acordo com a socióloga Débora Regina Pastana, algumas práticas já são institucionalizadas da sociedade brasileira, como não aderir à igualdade, estabelecer limites para a democracia, achar que a lei é só para alguns e não para todos. Exemplos disso são frases do tipo "você sabe com quem está falando?", ou o famoso dito atribuído ao ex-presidente Getúlio Vargas: "aos amigos tudo, aos inimigos a lei". "Esses tratamentos desiguais que existem historicamente na sociedade brasileira e que consolidam a desigualdade social são pano de fundo para a corrupção", disse.

[...]

Para a socióloga [...], toda regra quebrada no dia a dia é uma forma de corrupção. "Toda forma de sociabilidade – escola, igreja, casa, trabalho – vai ter suas regras específicas e o descumprimento delas pode ser considerado um desvio.

Marcelo Palmeira/Folhapress

Utilizar uma vaga destinada a deficientes físicos, idosos ou mulheres grávidas de forma irregular é um desrespeito à cidadania. Na foto de 2014, caçamba colocada em vaga para deficiente físico, em São Paulo (SP). »

[...]. A tolerância a esses pequenos deslizes é uma forma de reprodução dessa ideia que a gente ainda não está suficientemente maduro para entender, de que nós devemos respeitar aquelas regras que democraticamente foram construídas para nos organizar."

[...]

NOGUEIRA, D. "Jeitinho brasileiro" é forma de corrupção e está presente no dia a dia. *Correio de Uberlândia*. Disponível em: <http://www.correiodeuberlandia.com.br/cidade-e-regiao/jeitinho-brasileiro-e-forma-de-corrupcao-e-esta-presente-no-dia-dia/>. Acesso em: 10 ago. 2018.

a) O texto aponta vários atos que ocorrem no dia a dia e que podem ser considerados corrupção. Você reconhece de que forma esses atos podem prejudicar as outras pessoas?

b) Que argumento é apontado pela socióloga Débora Regina Pastana como pano de fundo para a corrupção no Brasil?

c) Que relação a socióloga estabelece entre o descumprimento de pequenas regras pelas pessoas no cotidiano e a corrupção política?

Atividade 2

» Usando o navegador da internet, procure vídeos que divulguem o Brasil no exterior.

a) Identifique que imagens e símbolos são comumente escolhidos para transmitir o que significa ser brasileiro.

b) Registre as informações encontradas no Diário de bordo. Liste as principais formas de transmitir o que significa ser brasileiro observadas nos vídeos.

c) Você se sente representado por essas imagens? Por quê?

Atividade 3

» Agora, você e seus colegas vão comparar o modo como o brasileiro é apresentado nesses vídeos com o modo como vocês se veem e gostariam de ser vistos.

a) No Diário de bordo, criem uma tabela comparativa para anotar o que perceberam e as conclusões a que chegaram.

b) Montem um cartaz para apresentar a tabela elaborada por vocês para o professor e os demais colegas. A ideia é que a turma toda debata sobre os resultados das comparações feitas pelos grupos.

COMO FAZER UMA EXPOSIÇÃO ORAL

Para organizar a apresentação oral, sigam estes passos:

1. Preparem o cartaz que vai servir de apoio à fala de vocês.
2. Utilizem letras grandes para que o cartaz seja legível para a plateia.
3. Combinem previamente a divisão das falas entre os componentes do grupo.
4. Ensaiem as falas. Vocês podem explicar e dar detalhes sobre cada item do cartaz. Podem também reproduzir alguma fala de entrevistado e interagir com a plateia.
5. No momento de apresentar, usem um tom de voz adequado, falem com clareza e sem gritar.
6. Cuidem da expressão corporal. Evitem ficar com as mãos nos bolsos ou se apoiar na parede.

ETAPA 3

A Organização das Nações Unidas (ONU), criada em 1945, após o fim da Segunda Guerra Mundial, surgiu com o objetivo de impedir que novos conflitos acontecessem. Os Estados-membros do Conselho da ONU se dedicaram a propor medidas que evitassem conflitos armados e a discutir a garantia dos direitos humanos. Em dezembro de 1948, a Assembleia Geral das Nações Unidas adotou e proclamou a Declaração Universal dos Direitos Humanos, solicitando aos países-membros que publicassem, divulgassem e explicassem o texto a seus povos.

Mohammed Elshamy/Anadolu Agency/Agência France-Presse

Sessão da Assembleia Geral da ONU em dezembro de 2017.

No Brasil, após o fim da ditadura civil-militar, que perdurou entre os anos de 1964 e 1985, formou-se uma Assembleia Constituinte com a tarefa de elaborar uma nova Constituição para o Brasil, mais adequada aos novos tempos e que garantisse a manutenção do regime democrático que se estabelecia naquele momento. Em 1988, a Constituição da República Federativa do Brasil foi aprovada e **promulgada**. Nela, são apresentados os direitos e os deveres dos cidadãos, bem como o funcionamento da organização político-administrativa dos estados brasileiros e da União. Essa Constituição passou por algumas alterações, chamadas de emendas, mas vigora em nosso país até os dias atuais.

Vamos refletir sobre o papel desses dois documentos na garantia dos direitos civis e humanos.

promulgada
teve seu conteúdo divulgado, depois de aprovada.

Atividade 1

» Leia a seguir o trecho inicial da Declaração Universal dos Direitos Humanos e converse com os colegas sobre alguns pontos desse texto.

Artigo I

Todos os seres humanos nascem livres e iguais em dignidade e direitos. São dotados de razão e consciência e devem agir em relação uns aos outros com espírito de **fraternidade**.

Artigo II

1 - Todo ser humano tem capacidade para gozar os direitos e as liberdades estabelecidos nesta Declaração, sem distinção de qualquer espécie, seja de raça, cor, sexo, idioma, religião, opinião política ou de outra natureza, origem nacional ou social, riqueza, nascimento, ou qualquer outra condição.

2 - Não será também feita nenhuma distinção fundada na condição política, jurídica ou internacional do país ou território a que pertença uma pessoa, quer se trate de um território independente, sob tutela, sem governo próprio, quer sujeito a qualquer outra limitação de **soberania**.

Artigo III

Todo ser humano tem direito à vida, à liberdade e à segurança pessoal.

Artigo IV

Ninguém será mantido em escravidão ou servidão; a escravidão e o tráfico de escravos serão proibidos em todas as suas formas.

Artigo V

Ninguém será submetido à tortura nem a tratamento ou castigo cruel, desumano ou **degradante**.

[...]

fraternidade união ou convivência como de irmãos.

soberania poder político independente do Estado em relação a outros países e supremo dentro do seu território; autoridade.

degradante que rebaixa, que humilha alguém.

DECLARAÇÃO Universal dos Direitos Humanos. *OHCHR*. Disponível em: <https://www.ohchr.org/EN/UDHR/Pages/Language.aspx?LangID=por>. Acesso em: 5 out. 2018.

a) Que artigos presentes nesse trecho você considera que são desrespeitados no Brasil e no mundo?

b) Que interesses (políticos, econômicos, etc.) estão por trás do não cumprimento da declaração?

c) Você conhece instituições internacionais que buscam garantir o cumprimento da Declaração Universal dos Direitos Humanos? Por que essas instituições são importantes?

Atividade 2

» Leia agora um trecho da Constituição brasileira de 1988 que trata dos princípios fundamentais do Estado Democrático brasileiro.

Art. 1º A República Federativa do Brasil, formada pela união **indissolúvel** dos Estados e Municípios e do Distrito Federal, constitui-se em Estado Democrático de Direito e tem como fundamentos:

I - a soberania;

II - a cidadania;

III - a dignidade da pessoa humana;

IV - os valores sociais do trabalho e da livre iniciativa;

V - o **pluralismo** político.

Parágrafo único. Todo o poder emana do povo, que o exerce por meio de representantes eleitos ou diretamente, nos termos desta Constituição.

Art. 2º São Poderes da União, independentes e harmônicos entre si, o Legislativo, o Executivo e o Judiciário.

Art. 3º Constituem objetivos fundamentais da República Federativa do Brasil:

I - construir uma sociedade livre, justa e solidária;

II - garantir o desenvolvimento nacional;

III - **erradicar** a pobreza e a marginalização e reduzir as desigualdades sociais e regionais;

IV - promover o bem de todos, sem preconceitos de origem, raça, sexo, cor, idade e quaisquer outras formas de discriminação.

Art. 4º A República Federativa do Brasil rege-se nas suas relações internacionais pelos seguintes princípios:

I - independência nacional;

II - **prevalência** dos direitos humanos;

indissolúvel que não pode ser desfeito.

pluralismo doutrina ou sistema que admite, em uma mesma sociedade organizada, a coexistência de ideias e princípios políticos, religiosos, culturais e sociais diversos.

erradicar exterminar, extinguir.

prevalência qualidade ou característica do que prevalece ou predomina; superioridade, supremacia.

III - **autodeterminação** dos povos;
IV - não intervenção;
V - igualdade entre os Estados;
VI - defesa da paz;
VII - solução pacífica dos conflitos;
VIII - **repúdio** ao terrorismo e ao racismo;
IX - cooperação entre os povos para o progresso da humanidade;
X - concessão de **asilo político**.

Parágrafo único. A República Federativa do Brasil buscará a integração econômica, política, social e cultural dos povos da América Latina, visando à formação de uma comunidade latino-americana de nações.

CONSTITUIÇÃO da República Federativa do Brasil de 1988. Disponível em: <http://www.planalto.gov.br/ccivil_03/constituicao/constituicao.htm>. Acesso em: 10 ago. 2018.

autodeterminação faculdade de um povo de determinar, pelo livre exercício do voto, o próprio destino político.

repúdio desprezo, rejeição.

asilo político abrigo ou proteção que certos países concedem a estrangeiros perseguidos por motivos políticos.

a) Identifique no trecho da Constituição brasileira pontos convergentes com o trecho da Declaração Universal dos Direitos Humanos, lido na Atividade 1.

b) Os princípios da Constituição de 1988 expressam o desejo de combater preconceitos?

c) Para você, a Constituição brasileira é respeitada? Por quê?

Atividade 3

» Considerando os trechos lidos da Declaração Universal dos Direitos Humanos e da Constituição brasileira de 1988, que regras você indicaria como fundamentais para a convivência escolar e o respeito aos princípios inseridos nesses documentos? Registre em seu Diário de bordo.

Atividade 4

» É hora de começar a pensar no **argumento** da HQ que você vai criar com seu grupo.

argumento resumo, tema ou enredo de uma obra literária, de uma peça teatral ou de um filme.

Primeiramente, reúnam-se em grupos com a ajuda do professor. Depois, observem o roteiro a seguir para registrar o argumento de vocês no Diário de bordo.

a) Lembrem-se de que a HQ de vocês deverá considerar os princípios éticos e o respeito aos direitos humanos previstos nos documentos lidos nas Atividades 1 e 2, além de garantir o direito à diversidade.

b) O tema geral da HQ é: "Que brasileiro eu desejo ser?". Com base nesse tema vocês poderão estabelecer um recorte e criar o argumento de vocês considerando os itens listados a seguir, que são obrigatórios.

- Preconceitos que vocês identificam na sociedade e como vão combatê-los na HQ.
- O Brasil que desejam para vocês e para todos os cidadãos e como vão retratá-lo.
- Os brasileiros que desejam ser, ou seja, que sonhos vocês têm e como estarão presentes na HQ.
- As personagens que estarão na história – que podem ser projeções de vocês, personagens históricas ou ficcionais – e suas ações na HQ.

ETAPA 4

Você gosta de ler histórias em quadrinhos? Que tipo de HQ você prefere? Leia a seguir algumas características desse gênero textual.

- As HQs usam imagens sequenciais para indicar as ações das personagens. São lidas da esquerda para a direita e de cima para baixo. Quando há algum quadrinho de tamanho diferente ou a ordem de leitura é diferente dessa, costuma-se indicar isso por meio de uma seta que aponta para o próximo quadrinho a ser lido.
- A localização dos balões indica a ordem de leitura das falas: de cima para baixo, da esquerda para a direita. Ou seja, a fala que deve ser lida antes deve ser escrita em um balão que fique acima da fala seguinte.
- O contorno dos balões indica como a fala está sendo enunciada pelas personagens: linha contínua representa fala; linha descontínua indica sussurro; linha em formato semelhante ao de uma nuvem indica pensamento; e linha em formato de zigue-zague indica grito, por exemplo.
- As falas do narrador aparecem em um espaço específico: uma tira no alto do quadrinho.
- A pontuação dos quadrinhos costuma ser bastante expressiva, reforçando a indicação da reação das personagens expressa na imagem. É comum que se use uma sequência de vários pontos de exclamação e de interrogação, por exemplo, para indicar a surpresa da personagem diante de determinado acontecimento.
- Onomatopeias são usadas para representar sons de animais e outros ruídos, como porta batendo, som de campainha, som do telefone tocando ou de uma caixa caindo no chão.
- **Ícones gráficos** funcionam como **metáforas visuais**. Pequenas estrelas girando sobre a cabeça da personagem simbolizam que ela se machucou, está zonza, e um balão com uma lâmpada acesa indica que a personagem teve uma ideia, por exemplo.
- Há figuras que são usadas para exprimir a ilusão de movimento ou trajetória de uma personagem, objeto ou veículo. Uma linha descontínua, por exemplo, representa a trajetória de uma flecha, e várias linhas paralelas podem indicar o salto de uma personagem. Outra possibilidade é desenhar várias vezes uma mesma imagem, uma ao lado da outra, para representar que a ação, de correr, por exemplo, está se dando de forma veloz.

ícones gráficos: signos visuais que representam outros objetos.

metáforas visuais: imagens usadas para transmitir ideias sem a utilização do texto verbal.

Ilustrações: Banco de imagens/Arquivo da editora

Você vai iniciar agora a criação de sua HQ. Para isso, reúna-se com seu grupo e realize as atividades a seguir.

Recursos » como balões, onomatopeias, figuras que expressam a ideia de movimento podem ser usados nas HQs.

2007 Paws, Inc. All Rights Reserved/ Dist. by Atlantic Syndication

Recreio, Ano 2, n. 65, p. 42, 7 jun. 2001.

Fernando Gonsales/Acervo do cartunista

GONSALES, Fernando. *Folha de S.Paulo*, 8 jul. 2008.

Laerte/Acervo da cartunista

LAERTE. *Classificados* - Livro 1. São Paulo: Devir Editora, p. 20.

Atividade 1

» Retomem o argumento criado por vocês na Etapa 3 e esbocem o enredo da HQ. Uma ideia é usar o Diário de bordo e planejar a sequência quadro a quadro.

a) Criem a história que vão contar. Ela pode ser uma adaptação de um fato histórico do Brasil ou uma história fictícia.

b) Distribuam a história em uma sequência de quadros e indiquem as personagens que vão participar de cada um deles.

c) Planejem quantos quadros serão necessários para cada parte da história. Para visualizar melhor, vocês podem desenhar vários quadros e indicar em cada um o que vai acontecer. Por exemplo: quadros 1 e 2: personagem X observa uma paisagem brasileira do estado Y; quadro 3: personagem W conversa com personagem X e dá sua opinião sobre aquele lugar, etc.

Atividade 2

» É hora de definir como serão identificadas as personagens e quais serão suas falas e as entradas do narrador. Este é o momento de definir a identidade visual da HQ: que tipo de traço vão usar nos desenhos, se as imagens serão mais realistas ou mais caricatas, se vão pintar os desenhos ou apenas contorná-los, etc.

a) Decidam como vão representar cada personagem. Vocês podem pensar em usar traços simples e algum indicativo visual da identidade da personagem. Por exemplo, os super-heróis das HQs usam fantasias que nos ajudam a reconhecer quem são, enquanto a Mônica, de Mauricio de Sousa, aparece sempre de vestido vermelho.

b) Retomem a sequência de cenas criadas na Atividade 1 e criem o roteiro de falas e pensamentos de cada personagem. Vocês podem usar a mesma estratégia de desenhar os quadros, numerá-los e indicar as falas em cada um deles.

c) Criem também as entradas do narrador. É importante, neste momento, definir o que será enunciado pelo narrador e o que vai ser enunciado pelas personagens. Lembrem-se: os diálogos das HQs não costumam ser longos. Sintetizem as falas e, se necessário, dividam as informações entre o narrador e as personagens. Lembrem-se também de que nas HQs as imagens comunicam tanto quanto os textos verbais. Escolham o que querem comunicar visualmente e o que será enunciado nas falas e no texto do narrador.

Atividade 3

» Agora que vocês já definiram a sequência de ações, as falas das personagens e as entradas do narrador, é hora de pensar no tratamento visual da HQ. O ideal é fazer um rascunho geral em seu Diário de bordo, considerando os itens a seguir.

Projeto visual

- A quantidade de texto em cada quadro.
- O formato dos quadros: Todos terão o mesmo tamanho? Serão usados alguns quadros com formato diferente para destacar uma cena específica?
- O contorno adequado dos balões em cada fala.
- Que tipo de desenho será usado?
- Recursos visuais que serão usados: roupa das personagens, cores, metáforas visuais.
- A representação dos cenários: Onde se passará a HQ? Que imagens identificarão esse(s) espaço(s)?

Atividade 4

» Depois de planejada e rascunhada a HQ, é preciso revisá-la. O ideal é que os grupos troquem os rascunhos entre si para que revisem os quadrinhos uns dos outros.

a) Vocês podem sugerir melhorias tanto no texto como na comunicação visual das histórias.

b) Um ponto importantíssimo é verificar se as HQs estão efetivamente trabalhando o tema "Que brasileiro eu desejo ser?" e discutindo a desconstrução de um preconceito.

c) Não se esqueçam de revisar também a ortografia e a acentuação e de observar eventuais problemas de linguagem, como ambiguidades.

d) Finalizada essa leitura crítica, retomem as HQs revisadas pelos colegas e façam as alterações necessárias.

Atividade 5

» Depois de revisado o texto da HQ, é hora de criar a capa. Pensem em um título significativo, que comunique as principais ideias que sua história em quadrinhos apresenta e, ao mesmo tempo, chame a atenção dos leitores. Incluam na capa os créditos, ou seja, indiquem o nome dos criadores, a classe e a escola em que estudam. Sua HQ terá muitos leitores, é importante indicar a autoria de vocês!

Chaiwuth Wichitdho/Shutterstock

MONTAGEM DA HQ

» É hora de montar a HQ criada. Definam se vão produzi-la de forma digital ou artesanal e sigam os passos indicados a seguir.

Vocês vão precisar de

- folhas de papel sulfite tamanho A4 ou A2 ou outro à escolha
- canetas, canetinhas e lápis preto e coloridos
- grampeador

ou

- computador com editor de texto

COMO MONTAR UMA HQ ARTESANALMENTE

Sigam os passos abaixo.

1. Peguem as folhas de papel para a escrita da história de vocês (na quantidade necessária), dobrem-nas ao meio e coloquem-nas umas sobre as outras, como nas HQs.
2. Consultem o rascunho e desenhem os quadros de cada página, com contornos grossos, usando canetinhas.
3. Desenhem os espaços do texto do narrador nos quadrinhos onde ele vai aparecer. Copiem neles os enunciados do narrador.
4. Desenhem a lápis todas as imagens da HQ, tanto os cenários quanto as personagens. Façam os ajustes necessários no rascunho a lápis.
5. Contornem e pintem as imagens definitivas. Se preferirem, apenas contornem os desenhos (isso dependerá da identidade visual que o grupo tiver definido para a HQ).
6. Desenhem os balões e insiram neles as falas das personagens. Insiram também as metáforas visuais, se vocês tiverem criado.
7. Pintem o fundo de alguns dos quadrinhos, especialmente daqueles em que não há muitas falas. Isso enriquece o visual e facilita a leitura.
8. Por fim, criem a capa da HQ. Deem destaque para o título e escrevam embaixo, em letras menores, ou na contracapa, o nome de vocês e o da escola em que estudam.

COMO MONTAR UMA HQ DIGITALMENTE

Sigam os passos abaixo.

1. Usem um computador com editor de texto e acessem um programa de criação de livretos.
2. Cliquem em Mais tamanhos de Páginas em branco, depois em Livretos, escolham Livreto 1/2 A4 e cliquem em Criar.
3. Confirmem Sim para criar um livreto e insiram o total de páginas necessário para a HQ de vocês.
4. Insiram as caixas de texto no formato e na quantidade necessária para a HQ. Selecionem Formatar e escolham uma das possibilidades de contorno para os quadrinhos.
5. Insiram as personagens e os cenários em cada quadrinho, ajustando o tamanho de ambos para que caibam nos quadros.
6. Para criar os balões de fala, cliquem em Inserir, depois em Formas e escolham o formato de balão desejado.
7. Escrevam as falas das personagens dentro dos balões.
8. Desenhem as tiras para escrever nelas o texto do narrador.
9. Para colorir os quadrinhos, cliquem em Formatar, escolham Preenchimento da Forma e, depois, a cor desejada.
10. Criem a capa e não se esqueçam de inserir uma caixa de texto com o crédito da autoria de vocês. Se preferirem, usem a contracapa da HQ para isso.
11. Imprimam uma versão colorida da HQ de vocês.

Chaiwuth Wichitdho/Shutterstock

a) Com a ajuda do professor, escolham uma data e planejem o lançamento da HQ na biblioteca da escola.

b) Estimem o número de convidados e providenciem as cópias necessárias. Façam um convite para as pessoas passarem um tempo na escola, lendo juntas suas HQs.

c) Doem uma cópia de cada uma delas para fazer parte do acervo da biblioteca.

d) No dia do lançamento, vocês podem organizar o espaço da biblioteca com almofadas e pufes e ler as HQs com os convidados. Perguntem a eles se gostaram das histórias e que brasileiros eles desejam ser. Será que pensam muito diferente de vocês?

Avaliação

Como foi, para você, escrever a sua HQ?

- Você refletiu sobre o brasileiro que quer ser e sobre seus sonhos para o nosso país?
- Gostou do resultado?
- Os visitantes gostaram da HQ?
- Teve mais facilidade para criar o texto da HQ ou para desenhá-la/criar as imagens usando o computador?
- Você considera importante refletir sobre como superar a discriminação e o preconceito?
- Acha que a arte, no caso as HQs, podem ajudar as pessoas, fazendo-as rever seus valores e atitudes?

Como divulgar

Como vocês poderiam fazer com que mais pessoas conhecessem a HQ de vocês?

- Distribuindo os exemplares que sobrarem do lançamento para alunos de outras classes?
- Postando uma versão digitalizada da HQ no *site* da escola?
- Separando alguns exemplares da HQ para ficarem disponíveis para leitura em pontos culturais da cidade ou do bairro, como bibliotecas públicas, centros culturais, museus?

DIÁRIO DE BORDO

Você já registrou muita coisa neste projeto. Vamos relembrar? Já listou imagens escolhidas para representar o Brasil a partir de vídeos de divulgação para o exterior; registrou os dados coletados de entrevistas e informações sobre o que as pessoas acham que as define como brasileiras; escreveu regras de convivência escolar com base na Declaração Universal dos Direitos Humanos e da Constituição de 1988; anotou reflexões sobre tribos juvenis; criou o argumento de sua HQ e fez o esboço dela.

Para finalizar o projeto, anote suas impressões sobre ele, enfatizando o que ele foi capaz de mobilizar em você, possibilitando a autorreflexão e o autoconhecimento. Por exemplo:

- Fotografe a capa de sua HQ e cole-a no Diário.
- Escreva quem eram seus colegas de grupo neste projeto e que sonhos compartilhavam para o futuro.
- Aponte que preconceitos você repudia e de que forma tratou deles em sua HQ.
- Indique ao menos três aprendizagens que este projeto trouxe para você.
- Crie uma frase e desenhe ou descreva uma imagem que defina quem você gostaria de ser daqui a 5 anos. Vai ser bacana retomar esse Diário daqui a alguns anos e ver se seus projetos e sonhos se realizaram ou se alteraram e por quê.

ENTRE O GLOBAL E O LOCAL

› Como é possível integrar o local ao global?

Londres, Inglaterra, 2017.
Alamy/Fotoarena

Mumbai, Índia, 2015.
Alamy/Fotoarena

Festa das Nações, São Paulo (SP), 2017.
Marcos F. Fernandes/Futura Press

Quadrilha Explosão Nordestina, Campina Grande (PB), 2015.
Rubens Chaves/Pulsar Imagens

São marcas do século XXI os espaços em que predominam a diversidade, os eventos voltados para o global e também a valorização do regional.

Introdução ao Projeto 3

De onde vem a sua família? Seus pais, avós e bisavós nasceram e viveram no mesmo município em que você mora hoje?

Neste projeto, você vai estudar a relação entre o global e o local e refletir sobre o papel da sua comunidade no processo de mundialização. Entender o papel de seu município, estado e país no processo de integração mundial pode ser uma oportunidade para refletir sobre seus lugares de origem, valorizando o que os torna diferentes.

Vamos usar conhecimentos de Geografia e de História para realizar várias atividades:

- Entrevistar os familiares para saber de onde eles vêm.
- Fazer uma exposição de fotografias de sua família e do seu lugar de origem.
- Pesquisar sobre a formação de sua comunidade, bairro ou município.
- Discutir os fluxos migratórios mundiais através dos tempos.
- Verificar a origem dos produtos que você consome.
- Fazer um levantamento do que se produz em sua comunidade/município.
- Organizar uma feira com produtos e produtores locais em sua comunidade.

De olho no tempo

Este projeto prevê a realização de entrevistas e estudos de campo. É preciso destinar um tempo maior para a realização dessas etapas. É importante também garantir um espaço no cronograma para a preparação da feira, que demandará visitas a produtores da região e conversas com eles para definir o que vão expor, em que quantidade, etc. Com os colegas, determine uma data para a realização da feira e divida o tempo entre as etapas a serem cumpridas. O professor poderá ajudá-los na divisão e na gestão do tempo.

Alfredo Garcia Saz/Shutterstock

« Espaços como a Times Square, na cidade de Nova York, nos Estados Unidos, concentram empresas e pessoas do mundo todo. Foto de 2017.

Diário de bordo

O Diário de bordo deverá acompanhar você ao longo deste projeto, para que registre entrevistas, pesquisas, relatórios, etc. Nele, você também vai controlar o tempo das etapas e planejar a realização da feira, que encerra o projeto.

ETAPA 1

Em um país como o Brasil, formado com a contribuição de diferentes povos, é comum que as famílias possuam ascendentes que vieram de outros países, de outros estados ou de outros municípios brasileiros.

Todos os dias, milhares de pessoas no mundo deixam seu lugar de origem em busca de trabalho, de melhores condições de vida ou fugindo de guerras e zonas de conflito, entre outros motivos.

Programa ECIRS/Instituto Memória Histórica e Cultural/ Universidade de Caxias do Sul/Arquivo Histórico Municipal João Spadari Adami

Nos séculos XIX e XX, muitos europeus migraram para o Brasil em busca de terra e de trabalho. Na foto, família de imigrantes italianos em Caxias do Sul (RS), em 1911.

AS MAIORES LEVAS DE IMIGRAÇÃO PARA O BRASIL

As principais levas de imigração para o Brasil ocorreram entre meados do século 19 e a primeira metade do século 20. "Portugueses, italianos, espanhóis, japoneses e alemães constituíram os principais fluxos em termos quantitativos", diz a socióloga Ethel Kosminsky, da Unesp de Marília (SP).

A entrada no país de mais de 4 milhões de estrangeiros dessas nacionalidades teve dois momentos bem diferentes. Até a primeira metade do século 19, muitos vinham atraídos por terras oferecidas pelo governo brasileiro, principalmente para ocupar o sul do país. A partir de 1870, a coisa mudou. Nessa época, o principal produto de exportação do Brasil era o café, e sua produção baseada no uso da mão de obra escrava estava em crise — o tráfico de escravos já havia sido suspenso e a abolição total da escravatura viria em 1888. A saída encontrada pelo governo e pelos grandes fazendeiros para substituir os trabalhadores libertos foi incentivar a vinda de mão de obra de fora do país.

Assim, a nova geração de imigrantes chegava não para ter sua terrinha, mas para trabalhar duro nas lavouras, principalmente em São Paulo. Para atrair os estrangeiros, pagavam-se as passagens de navios e eram oferecidos alojamentos temporários até o imigrante arrumar trabalho.

No século 20, essa política de apoio à imigração passaria por altos e baixos. Em 1902, por exemplo, uma crise na indústria cafeeira levou à redução dos incentivos aos estrangeiros. Após a Primeira Guerra (1914-1918), porém, o fluxo migratório voltaria a crescer, dessa vez impulsionado também por trabalhadores de outras nacionalidades, como poloneses, judeus e russos. O período posterior à Segunda Guerra (1939-1945) seria marcado pela chegada de outro tipo de estrangeiro: os refugiados de países afetados pelo conflito, como chineses, que se deslocavam com a ajuda de organismos internacionais. A partir de 1960, outros povos, como bolivianos e coreanos, passaram a desembarcar aqui, mas o ritmo migratório para o Brasil já era bem menor e diminuiria ainda mais nas décadas seguintes.

QUAIS FORAM as maiores levas de imigração para o Brasil?. *Mundo estranho*. Disponível em: <https://super.abril.com.br/mundo-estranho/quais-foram-as-maiores-levas-de-imigracao-para-o-brasil/>. Acesso em: 17 ago. 2018.

Os conquistadores portugueses chegaram às terras que hoje chamamos de Brasil em 1500. Ao se fixarem aqui, eles travaram uma longa batalha com vários povos indígenas pelo controle do território. Muitos desses povos foram praticamente dizimados. O projeto colonial português se construiu com base na escravização de indígenas e de africanos que eles trouxeram para cá. O processo colonizador deixou marcas profundas na sociedade brasileira, tanto de valores e contribuições culturais como de desigualdades, privilégios para alguns poucos e preconceitos que se perpetuam até os dias atuais.

Com o fim da escravidão, progressivamente, parte da mão de obra africana e de afrodescendentes foi substituída pela mão de obra de imigrantes europeus, especialmente nas lavouras e nas cidades das atuais regiões Sul e Sudeste. Assim, a diversidade e a miscigenação são marcas características de nossa sociedade e de nossa cultura. Vamos refletir sobre esse processo realizando as atividades a seguir.

Atividade 1

» Para conhecer melhor sua história, você vai entrevistar seus familiares. Siga as orientações e o roteiro abaixo e registre as respostas dos entrevistados em seu Diário de bordo.

COMO FAZER UMA ENTREVISTA

Para fazer uma entrevista, siga os passos abaixo:

1. Escolha os familiares que pretende entrevistar e agende um horário para falar com eles. Dê preferência a pessoas que vieram de outros lugares.
2. Avise qual o tema da entrevista para que a pessoa possa se preparar e escolher algo de seu local de origem para compartilhar, como uma foto do país ou do estado de onde migrou, por exemplo.
3. Elabore o roteiro de questões previamente. Você pode usar as sugestões de questões a seguir ou modificá-las de acordo com as informações que deseja obter.
4. Depois de anotar as respostas, peça permissão ao entrevistado e tire uma fotografia dele e de algum elemento que remeta à sua origem (um objeto, uma receita culinária, uma vestimenta, uma fotografia, etc.). Peça autorização por escrito para que essas fotografias possam ser usadas na exposição que será montada mais adiante.

Sugestão de roteiro para a entrevista

- Qual seu país, estado e município de origem?
- Seus pais, avós e bisavós eram de onde?
- Quando você (ou sua família) chegou aqui?
- Por que você (ou sua família) escolheu este município?
- Que costumes você (ou sua família) trouxe de seu lugar de origem e mantém ainda hoje?
- Que costumes você (ou sua família) adquiriu aqui?
- Você (ou sua família) sentiu falta de algo de seu lugar de origem? De quê?
- Você gosta de viver aqui? Do que mais gosta?

ATIVIDADE 2

» Depois de realizadas as entrevistas, é hora de compartilhar o resultado com os colegas. Para isso, vocês vão organizar uma exposição de fotografias das pessoas entrevistadas e também dos objetos escolhidos para representar o lugar de origem delas.

COMO MONTAR UMA EXPOSIÇÃO DE FOTOGRAFIAS

Para montar uma exposição de fotografias, sigam os passos abaixo:

1. Selecionem as fotografias que serão expostas: uma de cada entrevistado e uma dos objetos que remetem à origem dessa pessoa. O ideal é imprimir as fotografias todas do mesmo tamanho, para dar destaque igual a cada pessoa.

2. Façam uma moldura para cada fotografia, deixando um espaço maior na parte inferior, onde vocês vão escrever uma legenda. Por exemplo, o nome da pessoa, seu grau de parentesco com ela e seu município, estado e país de origem. No caso dos elementos que remetem à identidade, pode ser indicado o que é e a cultura à qual está ligado, como nos modelos a seguir.

ullstein bild/Getty Images

Avó de Pedro (à esquerda na foto), com 6 anos, no Peru, poucos meses antes de vir para o Brasil. Foto de 1970.

Christian Vinces/Shutterstock

Keperina, pano que as peruanas usam como xale ou amarram no corpo para carregar os bebês.

3. Escolham de que modo vão expor as fotografias: coladas em uma folha de papel *kraft* ou em cartolina e afixadas nas paredes da sala de aula? Penduradas no teto usando fios de náilon? Presas com prendedores em varais fixados nas paredes da sala?

4. Escrevam um texto de abertura para a exposição, a fim de que outras pessoas possam compreender o trabalho. Nele, indiquem a proposta (conhecer o lugar de origem dos familiares de vocês) e transcrevam algumas das falas dos entrevistados para aproximar as pessoas da exposição.

5. Marquem uma data para a inauguração da exposição e convidem os familiares para conhecer o resultado das entrevistas.

ETAPA 2

Atualmente, em razão, principalmente, das facilidades oferecidas para o turismo e da internet, muitas vezes acabamos por conhecer mais a história e a cultura de lugares distantes do que a história de nossa própria comunidade. Admiramos paisagens, museus e manifestações culturais de outros lugares do mundo, e é comum não conhecermos paisagens e festas que se encontram ao nosso redor. Você conhece a história de sua comunidade, de seu bairro, de seu município? Acha importante conhecer essa história?

O texto a seguir trata do surgimento do bairro da Liberdade, na cidade de São Paulo.

Reprodução/Coleção particular

Diego Grandi/Shutterstock

« Na primeira imagem, a rua da Liberdade, na cidade de São Paulo, em foto da década de 1930. Na segunda foto, de 2017, rua Galvão Bueno, na Liberdade, com suas lanternas suzuranto, um símbolo do bairro a partir da década de 1970.

LIBERDADE – UM BAIRRO PAULISTANO

[...]

Em suas origens, no século 17, a Liberdade compreendia terras situadas ao longo do caminho que ligava o centro da cidade à Zona Sul, ao município de Santo Amaro. Esse caminho, conhecido como "caminho de Ibirapuera" ou "caminho de carro para Santo Amaro", saía do centro em direção ao sul pelo traçado atual da Avenida da Liberdade e da rua Vergueiro. Há registros de que esse caminho também tenha sido conhecido como "estrada nova para Santos". Nessa região, havia muitas chácaras, algumas de grande extensão territorial, onde era cultivado especialmente chá. Da divisão dessas chácaras nasceu o bairro da Liberdade.

O bairro abrigou, no século 19, o largo do Pelourinho, onde eram amarrados escravos fugitivos. Ali também ficava localizado o Largo da Forca, que recebeu essa denominação por ser local de execuções [...]. Com a abolição da pena de morte no Brasil, o Largo da Forca passou a chamar-se Largo da Liberdade.

No século 19, o centro de São Paulo foi ligado a Santo Amaro pelas linhas de bonde, cujos trilhos foram construídos no traçado do "caminho de carro". Uma parte desse caminho viria a ser a rua Domingos de Moraes. Na virada do século 19 para o século 20, a Liberdade começa a sofrer um forte processo de urbanização com alargamento de ruas, **desapropriações** de terras e imóveis, construções de praças e largos e calçamento de ruas com paralelepípedos.

desapropriações
transmissões forçadas e definitivas de propriedade, de um particular para o domínio público, em virtude de necessidade ou utilidade coletiva, mediante pagamento de indenização ao proprietário.

Nessa época, a Liberdade era um bairro residencial habitado por imigrantes portugueses e italianos que, com o passar dos anos, deixariam o bairro em direção a outras partes da cidade. Os traços orientais de prédios e residências só começaram a aparecer após a chegada dos primeiros imigrantes japoneses ao Brasil, em 1908, e ganharam impulso na década de 60. O bairro conheceu então as lanternas **suzuranto**, os jardins japoneses e as festas típicas japonesas.

A influência oriental cresceu tanto que, em 1969, foi anunciado um plano de reurbanização do bairro dentro do processo de expansão da Linha 1-Azul do Metrô. Em 1974, aconteceu a criação do "Bairro Oriental", com ruas e praças do bairro inteiramente decoradas com motivos orientais, adquirindo características de uma autêntica cidade japonesa. Por fim, em fevereiro de 1975, foram inauguradas as estações Liberdade e São Joaquim do Metrô.

suzuranto palavra de origem japonesa, refere-se a lanternas de formato tipicamente oriental.

GHEDINE, A. História dos bairros paulistanos – Liberdade. *Banco de dados Folha*. Disponível em: <http://almanaque.folha.uol.com.br/bairros_liberdade.htm>. Acesso em: 17 ago. 2018.

A história dos lugares revela muita coisa: o trecho que você leu relaciona um pequeno largo da metrópole paulistana a momentos importantes da história do Brasil. Nas atividades a seguir, vamos refletir sobre a história de nossas comunidades e sobre o papel da memória na construção do sentido dos lugares onde vivemos.

Atividade 1

» Leia a notícia a seguir e, com seus colegas, reflita sobre a relação entre os lugares e a memória. Registre as ideias discutidas por vocês em seu Diário de bordo.

Estação Japão-Liberdade do Metrô ganha sinalização com novo nome

Mudança dividiu opiniões nas redes sociais; há 16 dias, espaço em que a estação está localizada passou a se chamar Praça da Liberdade-Japão

SÃO PAULO – O Metrô começou a aplicar nesta sexta-feira, 3, as sinalizações com o novo nome da estação Japão-Liberdade, da Linha 1-Azul, no centro da cidade de São Paulo. A mudança foi decretada pelo governador de São Paulo, Márcio França (PSB), em 24 de julho. Em 2018, são celebrados os 110 anos da imigração japonesa no Brasil.

Outra troca semelhante ocorreu na praça em que a estação está inserida, que, desde 18 de julho, passou a se chamar Praça da Liberdade-Japão. A mudança é prevista na lei municipal 16.960/18, sancionada pelo prefeito de São Paulo, Bruno Covas (PSDB).

Nas redes sociais, a modificação dividiu opiniões. Algumas pessoas acharam justa a homenagem aos imigrantes japoneses e lembraram de outras mudanças em nomes de estações de Metrô, como a que trocou Ponte Pequena por Armênia, também na Linha 1-Azul, e as adições de nomes de clubes de futebol (Palmeiras-Barra Funda, Corinthians-Itaquera e São Paulo-Morumbi).

Há também críticas à mudança por excluir descendentes de outros povos que vivem na região, como coreanos e chineses. Além disso, ela também é discutida por ignorar outros períodos da história do bairro, como, por exemplo, quando foi abrigo de escravos e ex-escravos no século 19.

Os primeiros japoneses chegaram ao bairro da Liberdade em 1912, fixando-se na Rua Conde de Sarzedas, de acordo com informação da Prefeitura de São Paulo. Até então, os imigrantes que chegavam ao Estado de São Paulo partiam para cidades do interior.

MENGUE, Priscila. Estação Japão-Liberdade do Metrô ganha sinalização com novo nome. *O Estado de S. Paulo*, São Paulo, 3 ago. 2018. Disponível em: <https://sao-paulo.estadao.com.br/noticias/geral,estacao-japao-liberdade-do-metro-ganha-sinalizacao-com-novo-nome,70002429080>. Acesso em: 17 ago. 2018.

a) Segundo o texto, qual foi o motivo que levou à mudança de nome da estação do Metrô Liberdade para Japão-Liberdade?

b) De acordo com a notícia, essa mudança dá visibilidade à história dos moradores do bairro? Por quê?

c) A mudança do nome Liberdade para Japão-Liberdade pode ser considerada semelhante à mudança de nome das estações que agregaram o nome dos times de futebol ao original? Por quê?

d) Que ações podem ser feitas para preservar a memória dos lugares e com ela a história das pessoas que formaram aquele espaço?

Atividade 2

» Agora vocês vão pesquisar a história de seu município, de sua comunidade ou de seu bairro.

- Em grupo, siga o roteiro abaixo e registre em seu Diário de bordo as informações encontradas.
  - Quando foi fundado o lugar em que vocês vivem?
  - Por que os primeiros moradores o escolheram para se estabelecer?
  - Quem vivia nesse lugar?
  - Quais foram as principais transformações desse lugar ao longo do tempo?
  - Qual a principal manifestação cultural desse lugar? Quando e onde ela acontece? Ela está ligada a alguma cultura específica?
  - Qual a sua principal atividade econômica hoje?

Atividade 3

» Com base no resultado da pesquisa efetuada por seu grupo na Atividade 2, vocês vão fazer um estudo de campo.

a) Escolham um lugar significativo e representativo de seu bairro, de sua comunidade ou de seu município e organizem uma visita a ele. Lembrem-se de que cada investigador tem um olhar particular sobre o objeto de estudo. Assim, mesmo que mais de um grupo visite um mesmo lugar, os olhares sobre ele serão diferentes.

b) É importante levar seu Diário de bordo e registrar informações sobre esse lugar. O roteiro a seguir é uma sugestão do que pode ser analisado em campo.

Banco de imagens/Arquivo da editora

Estudo de campo

- Registre o nome do lugar visitado e sua importância para a comunidade, no passado e hoje em dia.
- Tire fotografias que mostrem as principais características desse lugar, como a beleza natural, no caso de um parque, ou a arquitetura, no caso de um edifício.
- Indique qual a função desse lugar: atividade econômica, espaço cultural, opção de lazer, espaço preservado de memória, etc.
- Escolha duas pessoas que estejam nesse lugar e pergunte a elas por que motivo estão ali, se visitam esse espaço com frequência e se sabem de sua importância para a comunidade.
- Faça um desenho de observação procurando registrar algum detalhe significativo desse espaço: uma fachada, uma árvore de formato particular, um monumento, uma placa comemorativa, etc. Indique o motivo de sua escolha com uma legenda para o desenho.

Atividade 4

» Depois do estudo de campo, é hora de compartilhar com os outros grupos suas experiências e aprendizagens.

Formem uma roda para apresentar os resultados do estudo de campo. Em seguida, conversem sobre as seguintes questões:

a) Qual a importância, para a preservação da memória, de estudar os lugares representativos de uma comunidade?

b) Conhecer a história de um lugar ajuda em sua preservação?

c) O que vocês aprenderam fazendo esse estudo de campo que não aprenderiam estudando esse tema apenas pelos livros ou pela internet?

Rubens Chaves/Pulsar Imagens

Estudos de campo propiciam o aprendizado com base em dados coletados e sistematizados pelos próprios alunos. Na foto, estudantes fazem estudo de campo no Jardim Botânico de São Paulo (SP). Foto de 2015. »

ETAPA 3

Você já ouviu falar no processo de globalização? Já ouviu a expressão "mundo globalizado"? Já reparou em como o global interfere no local?

O termo **globalização** surgiu na década de 1980 e se refere ao processo de intensificação da integração econômica e política mundial, que também tem consequências culturais. Esse processo é marcado tanto pelo avanço nos sistemas de transporte, aproximando lugares antes distantes, quanto pelo desenvolvimento dos sistemas de comunicação, com maior acesso à internet, por exemplo.

Para alguns estudiosos, a globalização teve início no final do século XV e início do século XVI, com o processo de expansão colonial marítima empreendido pelos europeus. Antes disso, os habitantes de uma parte do mundo pouco ou nada sabiam sobre os habitantes de outras partes. Com a expansão marítima, começou o processo de integração desses diferentes "mundos". A globalização não é, portanto, um fato pontual, ocasional, mas sim um processo, que ainda está em curso.

Nas atividades a seguir, vamos refletir sobre esse processo ao longo do tempo.

Alamy/Fotoarena

Na imagem ao lado, de 2014, percebe-se que a fronteira entre Bélgica e Países Baixos é fluida.

Abaixo, a foto de 2018 mostra o muro que separa os Estados Unidos do México, no estado do Arizona. O presidente estadunidense Donald Trump quer ampliar a extensão desse muro.

Adrees Latif/Reuters/Fotoarena

Atividade 1

» O texto a seguir trata da presença portuguesa no Brasil, desde o início da colonização até os tempos atuais.

PRESENÇA PORTUGUESA: DE COLONIZADORES A IMIGRANTES

Os registros da imigração portuguesa apareceram no século XVIII e se tornaram mais regulares a partir do século XIX. Devido aos inúmeros estudos sobre o tema, hoje já se pode contar com estimativas mais confiáveis sobre o número de imigrantes que vieram para o Brasil desde o século XVI.

Nos primeiros dois séculos de colonização, vieram para o Brasil cerca de 100 mil portugueses, uma média anual de 500 imigrantes. No século seguinte, esse número aumentou: foram registrados 600 mil e uma média anual de 10 mil imigrantes portugueses. O ápice do fluxo migratório ocorreu na primeira metade do século XX, entre 1901 e 1930: a média anual ultrapassou a barreira dos 25 mil.

A origem socioeconômica do português imigrante é muito diversificada: de uma próspera elite nos primeiros séculos de colonização, passou-se a um fluxo crescente de imigrantes pobres a partir da segunda metade do século XIX. Estes últimos foram alvo de um anedotário pouco condizente com a rica herança cultural que nos deixou o português.

Compare as estimativas do total de portugueses que entraram no Brasil desde o século XVI na tabela ao lado.

Período	América Portuguesa	Média anual América Portuguesa
1500-1580	100 000*	500
1581-1640	100 000*	500
1641-1700	100 000*	500
1701-1760	600 000	10 000
1808-1817	24 000	2 666
1827-1829	2 004	668
1837-1841	629	125
1856-1857	16 108	8 054
1881-1900	316 204	15 810
1901-1930	754 147	25 138
1931-1950	148 699	7 434
1951-1960	235 635	23 563
1961-1967	54 767	7 823
1981-1991	4 605	406

*São dados referentes à soma de 1500-1580 e 1581-1640.

IBGE. *Brasil: 500 anos de povoamento*. Rio de Janeiro, 2000. Disponível em: <https://brasil500anos.ibge.gov.br/territorio-brasileiro-e-povoamento/portugueses.html>. Acesso em: 18 ago. 2018.

a) O que a diferença entre os números referentes à imigração portuguesa nos séculos XVI e XVII e no século XVIII mostra sobre o modo como se deu a colonização portuguesa no Brasil?

b) Segundo o texto, qual seria a origem do anedotário referente ao povo português no Brasil?

c) Discuta com os colegas qual seria a razão para o aumento da imigração portuguesa nos anos entre 1901 e 1930 em comparação com o período anterior, entre 1881 e 1900.

d) Converse com os colegas sobre as seguintes questões: Todos os imigrantes são vistos da mesma maneira? Que fatores podem gerar preconceitos contra eles?

Atividade 2

» Uma das características do mundo globalizado é a integração em regiões de fronteira, em que haveria um livre trânsito de pessoas que moram de um ou do outro lado da delimitação territorial. A notícia a seguir trata desse tema.

TRUMP AMEAÇA PARALISAR O GOVERNO SE DEMOCRATAS NÃO FINANCIAREM MURO COM O MÉXICO

Presidente retoma a chantagem em assuntos imigratórios, que poucos resultados lhe trouxe até agora

Donald Trump retoma sua tática favorita, que, no entanto, quase nunca deu certo para ele: chantagear a oposição democrata para obter a aprovação de políticas de pulso firme contra a imigração. O presidente norte-americano disse neste domingo, 29, que estaria disposto a forçar uma paralisação orçamentária do Governo federal, a partir de 1º de outubro, se os democratas não aprovarem a construção de um muro na fronteira com o México e outras medidas de restrição à imigração legal e irregular. [...]

"Estaria disposto a fechar o Governo se os democratas não nos derem os votos para a segurança fronteiriça, o que inclui o muro", escreveu pelo **Twitter** no seu clube de golfe de Nova Jersey, onde passa o fim de semana. [...]

O tuíte foi uma espécie de ***déjà vu***. "Nosso país precisa de um bom fechamento para arrumar esta confusão", escreveu Trump no Twitter em maio de 2017. "Se não mudarmos a legislação, se não acabarmos com as frestas pelas quais se permite aos assassinos entrarem no país e continuar matando [...], se não mudarmos isso, então que tenhamos um ***shutdown***", disse em fevereiro deste ano, num ato sobre a gangue Salvatrucha. [...]

Twitter rede social que permite aos seus usuários enviar e ler notícias, em textos de até 140 caracteres, por celular ou computador, e cujas atualizações são exibidas em tempo real.

déjà vu termo da língua francesa que significa "já visto"; repetição.

shutdown termo da língua inglesa que significa "paralisação de empresas".

Trump pediu 25 bilhões de dólares (93 bilhões de reais) ao Congresso para erguer os trechos ainda faltantes na separação física entre os EUA e o México. O muro virou um emblema eleitoral da demonização de Trump com a imigração irregular. Entretanto, tudo o que o mandatário conseguiu até agora foram 1,6 bilhão no último orçamento para renovar barreiras atuais, mas não para construir novas. A obsessão do republicano é mostrar avanços a seus eleitores em sua cruzada contra a imigração. Já tentou isso em maio, com sua política de separação de pais e filhos indocumentados na fronteira, mas em junho teve que revogá-la após provocar uma enorme polêmica, inclusive dentro das fileiras conservadoras.

FAUS, J. Trump ameaça paralisar o Governo se democratas não financiarem muro com o México. *El País*, 30 jul. 2018. Disponível em: <https://brasil.elpais.com/brasil/2018/07/29/internacional/1532877829_629477.html>. Acesso em: 18 ago. 2018.

a) Converse com os colegas sobre a seguinte questão: A notícia confirma a possibilidade de livre trânsito entre países vizinhos ou a contraria? Por quê?

b) Quais são as razões alegadas por Donald Trump para a construção de um muro para separar os Estados Unidos do México?

c) Indiquem ao menos uma ação idealizada por Donald Trump que desrespeita os direitos humanos.

ETAPA 4

Agora você vai estudar a globalização com base na relação entre os países chamados centrais e os periféricos. Quais são os países que lideram as descobertas tecnológicas? Que países lucram mais com a lógica da divisão internacional do trabalho? Para iniciar essa discussão, observe o infográfico a seguir.

Produção tecnológica no mundo

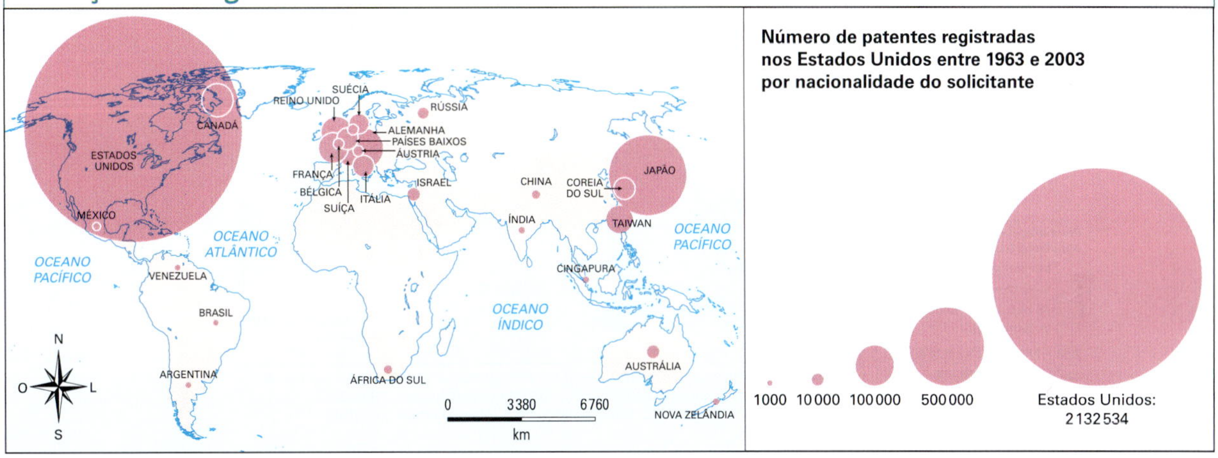

Banco de imagens/Arquivo da editora

Adaptado de: *El Atlas de Le Monde Diplomatique II*. Buenos Aires: *Capital Intelectual*, 2006.

Se liga

Estamos usando aqui os termos "países centrais" para designar os mais ricos, como Estados Unidos e outros, e "países periféricos", para designar os mais pobres ou dependentes dos centrais. Essa classificação é apenas uma forma de organizar o estudo; há outras que consideram outros critérios. A Organização das Nações Unidas (ONU) classifica os países em: desenvolvidos, em desenvolvimento e em transição. Também são conhecidos os países de economia emergente, como os Brics (Brasil, Rússia, Índia, China e África do Sul).

A legenda do mapa indica que ele mostra a produção tecnológica medida de acordo com **patentes** registradas. Para desenvolver patentes, um país precisa de: desenvolvimento de pesquisas acadêmicas; uma indústria tecnologicamente desenvolvida; políticas governamentais de incentivo à pesquisa; iniciativas de entidades comprometidas com a descoberta de alternativas para o desenvolvimento de novas estratégias de produção e de consumo mais sustentáveis, além do apoio da sociedade a essas iniciativas.

patentes registro de uma invenção ou descoberta, de uma marca ou nome de produto, concedido pelo Estado para garantir a propriedade ao autor, bem como a exclusividade no uso e na exploração.

Como é possível ver no mapa, a produção de tecnologia nos Estados Unidos supera em muito a de qualquer outro país. Isso lhe garante a liderança na competição pelo domínio no setor. Países que não possuem tecnologia são consumidores da produção tecnológica dos países centrais, cujo valor supera o de produtos primários, como alimentos e matérias-primas.

Vamos refletir sobre o tema fazendo as atividades a seguir.

ATIVIDADE 1

» O mapa a seguir apresenta a situação da fome no mundo. Reúna-se com um colega e responda à questão proposta abaixo, registrando a resposta em seu Diário de bordo.

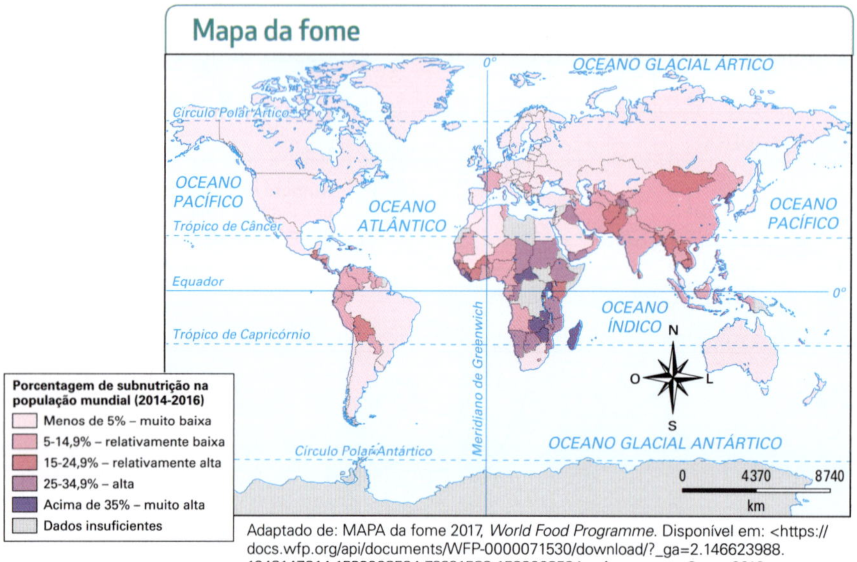

Banco de imagens/Arquivo da editora

Adaptado de: MAPA da fome 2017, *World Food Programme*. Disponível em: <https://docs.wfp.org/api/documents/WFP-0000071530/download/?_ga=2.146623988.1948147914.1539008594-76621582.1539008594>. Acesso em: 8 out. 2018.

- Que relações é possível estabelecer entre o mapa acima e o da produção tecnológica da página 137?

ATIVIDADE 2

» O infográfico a seguir apresenta a transformação da divisão internacional do trabalho ao longo do tempo. Em cada época se estabelece um fluxo entre países fornecedores de matéria-prima e países ricos que fazem uso dessa matéria-prima. No fluxo contrário, os países ricos vendem produtos de maior valor e com tecnologia superior à das colônias e dos países periféricos. Converse com um colega e respondam às seguintes questões:

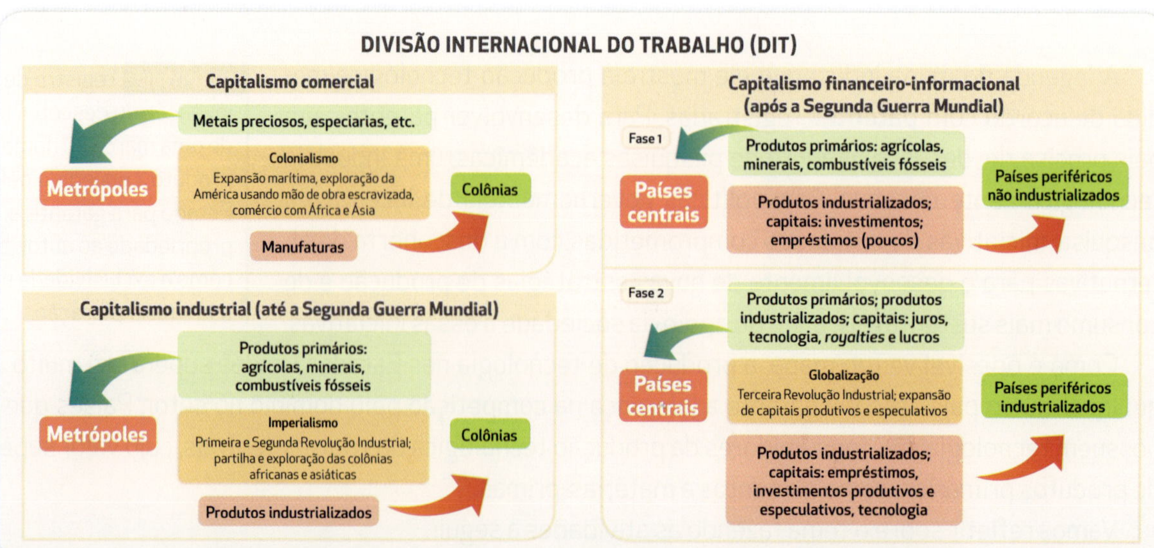

Banco de imagens/Arquivo da editora

a) Que efeito a relação de desigualdade apresentada no infográfico gera ao longo do tempo?

b) É possível relacionar a necessidade que os países centrais têm de matéria-prima a conflitos bélicos no passado e atualmente?

c) Qual seria o lugar ocupado pelo Brasil ao longo dos três momentos indicados no infográfico?

d) A partir da leitura do infográfico, é possível afirmar que o capital estrangeiro interfere na economia local? Por quê?

Atividade 3

» Em seu livro *Globalização: as consequências humanas*, o sociólogo polonês Zygmunt Bauman questiona alguns dos princípios da globalização.

Dividam-se em grupos. Cada grupo deve discutir uma das ideias a seguir, adaptadas da obra de Bauman. Indiquem no Diário de bordo se concordam ou discordam dela, justifiquem e deem exemplos para sustentar as opiniões de vocês.

- As riquezas são globais, a miséria é local.
- Na era da globalização, todos desejam os mesmos produtos, o que torna as identidades locais homogêneas.
- Para os habitantes dos países centrais as fronteiras não existem. Os habitantes dos países periféricos convivem com fronteiras que limitam sua mobilidade.
- Apesar do compartilhamento de informações, a possibilidade de consumo ainda restringe e segrega as pessoas.

Atividade 4

» Em grupos, pesquisem sobre as consequências da globalização em relação à destruição do meio ambiente e em relação às condições de trabalho escravo em muitos países periféricos. Anotem suas conclusões no Diário de bordo.

Atividade 5

» Finalizadas as atividades em grupos, organizem um círculo para compartilhar com a classe as ideias levantadas nas Atividades 3 e 4. Essa troca é importante, pois prepara vocês para a Etapa 5 do projeto, na qual serão solicitados a pensar em alternativas para integrar o local ao global, buscando minimizar alguns dos problemas trazidos pelo processo de globalização.

a) Cada grupo deve apresentar o que discutiu e usar exemplos para sustentar sua opinião.

b) Depois de cada apresentação, os demais grupos devem se posicionar, fazendo comentários, perguntas, fornecendo outros exemplos e dizendo se concordam ou não.

Uma das marcas da globalização é a circulação de produtos pelo mundo. Uma análise dos rótulos e das etiquetas dos produtos que usamos e consumimos no cotidiano permite perceber que eles têm as mais variadas origens. Você sabe o que é produzido em sua região? Observe os mapas a seguir.

Brasil: empresas industriais

Banco de imagens/Arquivo da editora

Adaptado de: IBGE. *Atlas escolar*.
Disponível em: <https://atlasescolar.ibge.gov.br/mapas-atlas/mapas-do-brasil/espaco-economico.html>.
Acesso em: 26 ago. 2018. Dados de 2013.

Brasil: agroindústria

Açúcar

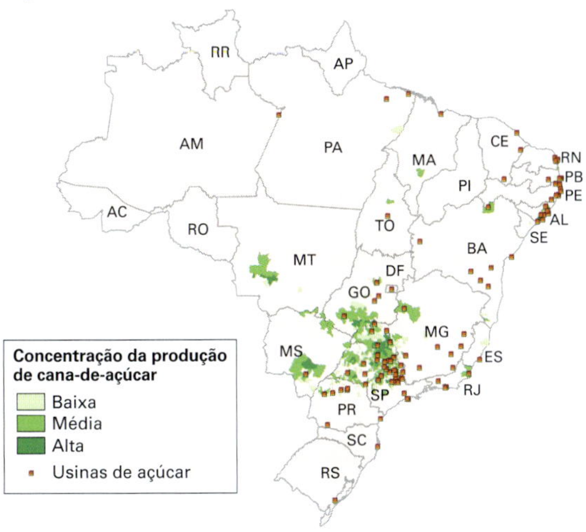

Produtos de carne

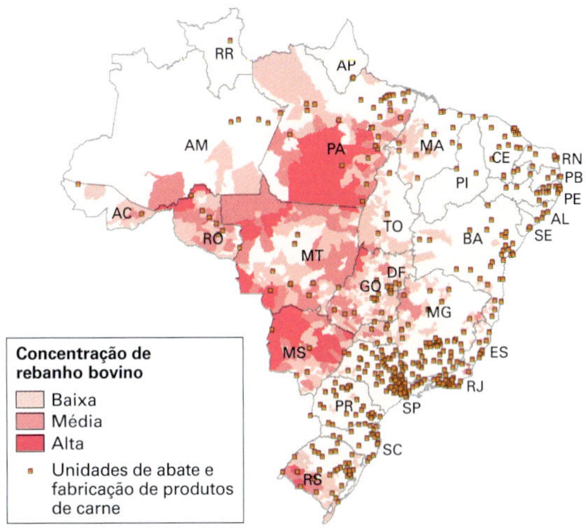

Celulose, papel e produtos de papel

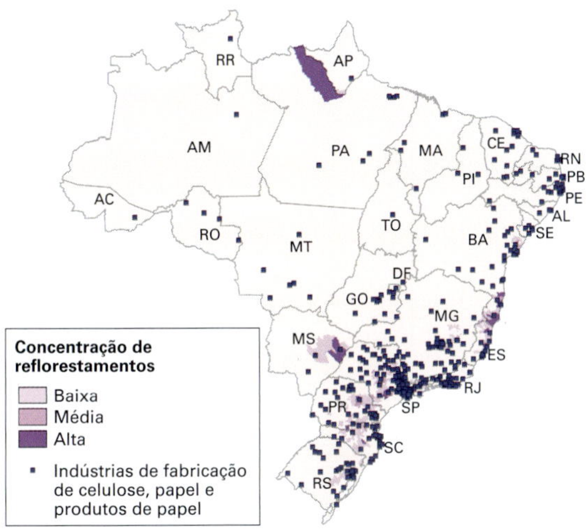

Laticínios

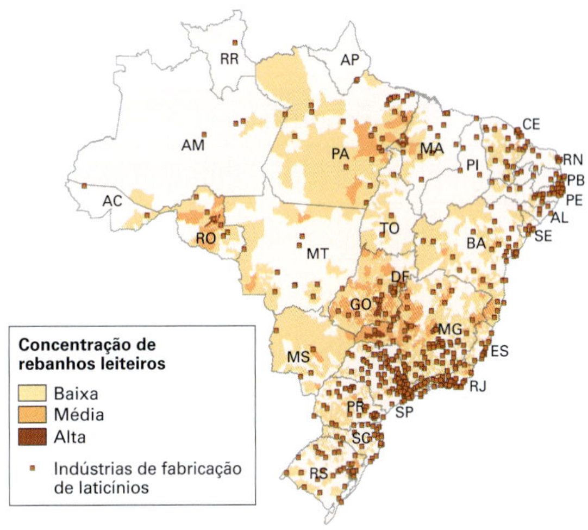

Café

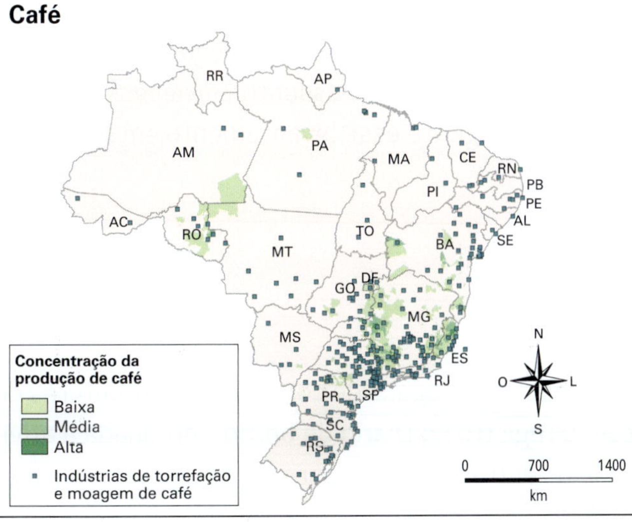

Óleos vegetais

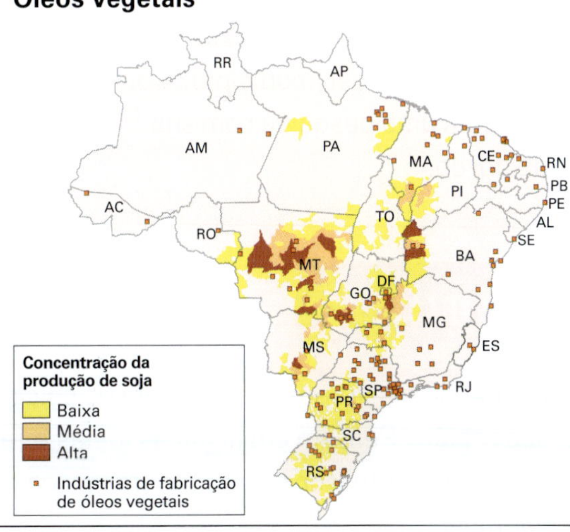

Banco de imagens/Arquivo da editora

Adaptado de: IBGE. *Atlas escolar*. Disponível em: <https://atlasescolar.ibge.gov.br/mapas-atlas/mapas-do-brasil/espaco-economico.html>. Acesso em: 26 ago. 2018. Dados de 2012.

O primeiro mapa nos mostra a concentração de empresas industriais extrativas e de transformação por municípios do Brasil. Já o conjunto de mapas sobre a agroindústria brasileira traz informações a respeito das produções agropecuárias específicas e das indústrias ligadas a diferentes gêneros agropecuários. Neste conjunto de mapas, é possível notar a maior concentração de indústrias nos grandes centros urbanos. No entanto, há casos específicos, como o da produção do açúcar, em que as atividades econômicas dos setores primário e secundário estão localizadas próximas umas das outras.

Vamos agora conhecer os produtos que sua comunidade consome e produz.

Atividade 1

» Você sabe de onde vêm os produtos que você consome?

a) Escolha cinco produtos que fazem parte do seu cotidiano, como roupas, calçados, alimentos, equipamentos eletrônicos, etc.

b) Copie a tabela a seguir em seu Diário de bordo e a preencha com os dados que você encontrou nas etiquetas e nos rótulos a respeito da procedência desses produtos.

Produto	Origem

Atividade 2

» Você sabe o que é produzido em sua região? Que atividades geram os empregos e a renda dos habitantes de seu município? Converse com os colegas sobre esse assunto. Se necessário, faça também uma pesquisa com sua família e na internet. Registre esse levantamento em seu Diário de bordo.

Atividade 3

» Em pequenos grupos, discuta com os colegas: Quais as vantagens de comprar dos produtores de sua região? Pensem em algumas ideias e façam o registro no Diário de bordo. Terminada a atividade, seu professor vai propor uma troca de ideias entre os grupos para vocês discutirem essas vantagens.

FEIRA DE EXPOSIÇÃO DOS PRODUTORES LOCAIS

» Como já vimos, a globalização pode levar as comunidades a conhecerem e valorizarem mais o que vem de fora do que aquilo que é produzido localmente. A proposta é que vocês prestigiem a produção local organizando uma feira.

A feira comunitária é uma oportunidade para os produtores e artesãos da região darem visibilidade às suas produções e para o consumidor interagir com a comunidade e fortalecer a economia local. »

Ismar Ingber/Pulsar Imagens

Feira de artesanato no bairro Laranjeiras. Rio de Janeiro (RJ), 2018.

a) Com a ajuda do professor, peçam o apoio da prefeitura, de um centro comunitário ou de associações de bairro para a organização da feira. Ela poderá ser realizada na escola e contar com a participação de toda a comunidade da região.

b) Convidem artesãos e produtores locais para expor o trabalho deles. São muitos os itens que podem ser expostos, desde alimentos até móveis e peças de vestuário. O importante é valorizar a produção local.

c) Definam uma data e um horário convenientes à maioria e façam cartazes e convites para divulgar o evento, informando quem serão os participantes. Peçam ajuda dos próprios expositores para divulgar a feira. Eles podem colar cartazes em seus estabelecimentos e/ou distribuir os convites entre seus clientes e em suas redes sociais.

d) É possível convidar alguns grupos de cultura local para se apresentarem, como músicos, grupos de dança, artistas de rua. Esse pode ser um bom momento para divulgar também a produção cultural de sua comunidade!

Cuidando dos preparativos

- Depois que tiverem a lista dos expositores, organizem a sua distribuição no local da feira. Façam um esboço da planta, definindo a localização de cada expositor e garantindo um bom espaço para os visitantes circularem. A feira pode ser organizada por tipos de produtos.
- Garantam mesas e cadeiras para acomodar todos os expositores. Pode-se criar uma cobertura padrão para as mesas, com tecidos coloridos ou papel crepom, além de guarda-sóis para proteção se for um lugar aberto.
- Com ajuda do professor, dividam-se em grupos para as várias tarefas envolvidas. Por exemplo: quem ficará encarregado de receber e orientar os convidados; quem será responsável por atender os expositores; quem receberá e acomodará o público.
- Definam quem fará a abertura da feira, explicando o seu significado e chamando a atenção para a necessidade de valorizar a produção local em um momento de intensa globalização.

Avaliação

Como foi estudar a relação entre o global e o local?

- Você compreendeu um pouco melhor as fronteiras do mundo contemporâneo?
- Gostou de conhecer mais sobre o lugar de origem de sua família?
- Achou importante divulgar os produtos e serviços de sua região?
- Contribuiu com a montagem da feira? Gostou do resultado final?
- Preferiu estudar a globalização ou trabalhar na montagem da feira?
- Acha que uma visão crítica sobre a globalização e a dinâmica entre o global e o local podem ajudar a superar desigualdades entre países e regiões do mundo?

Como divulgar

O que vocês poderiam fazer para que mais pessoas conhecessem a produção local de sua comunidade?

- Divulgar fotos da feira no *site* da escola ou no jornal do bairro?
- Deixar alguns dos produtos da feira expostos na escola, num lugar de circulação, como um pátio, por exemplo?
- Convidar alguns produtores locais para virem à escola compartilhar seu trabalho com a comunidade escolar?

DIÁRIO DE BORDO

Você já anotou muita coisa neste projeto. Registrou a entrevista que fez sobre o lugar de origem de seus familiares; refletiu sobre questões relacionadas à dinâmica da globalização; escreveu a pesquisa sobre a história de sua comunidade e os dados levantados no estudo de campo a um lugar significativo de sua região; registrou a origem dos produtos que fazem parte de seu cotidiano e listou alguns dos que são produzidos em sua região.

Tão importante quanto esses registros é escrever sobre suas impressões e vivências ao longo deste projeto. Você deve ter pensado em muitas questões que fazem parte de seu cotidiano e lhe dizem respeito. Escreva um pouco sobre o que este projeto despertou em você.

- Escolha algumas fotografias que foram tiradas na feira organizada por vocês e cole-as no Diário.
- Escreva sobre alguns dos expositores da feira que chamaram a sua atenção por aquilo que produzem.
- Aponte como você se sente em meio à dinâmica da globalização: Sente que faz parte do mundo? Sente que sua região é pouco valorizada? Sente-se mobilizado por desejos de consumo sem refletir sobre eles? Está consciente de que suas ações impactam o mundo?
- Copie a letra de uma canção ou a sinopse de um filme que seja capaz de expressar como você se sente diante da relação entre o global e o local. Daqui a alguns anos, você pode retomar o seu Diário e verificar se você se sente do mesmo modo ou se algo se alterou em você ou na relação entre as pessoas e o mundo.

PROJETO 4

TRANSMISSÃO DIGITAL

› Será que o mundo inteiro cabe no meu *smartphone*?

Aldo Murillo/iStockphoto/Getty Images

Cada vez mais nos comunicamos por meio de dispositivos que facilitam a transmissão de informações. Em contrapartida, as pessoas se sentem mais isoladas do que nunca.

Introdução ao Projeto 4

A história da humanidade está diretamente relacionada aos modos pelos quais as pessoas se comunicam. Você já se perguntou como os humanos se comunicavam há 30 mil anos? E no período da conquista da América, como as notícias do Novo Mundo chegavam à Europa? Na década de 1950, quanto tempo uma pessoa precisava esperar para completar uma ligação telefônica para um amigo que estava em outro continente? Um filme de duas horas pode ser baixado em quanto tempo em um celular nos dias de hoje?

Neste projeto, você vai discutir como se desenvolveram as tecnologias relacionadas à transmissão de informações. Essa história começou há milênios, com a formação dos primeiros agrupamentos humanos e continua se desdobrando até hoje.

Você vai usar conhecimentos de Ciências e de Língua Portuguesa para realizar várias atividades:

- Responder um *quiz* para avaliar seu conhecimento sobre esse assunto.
- Fazer uma entrevista sobre os meios de comunicação utilizados em um passado recente.
- Conhecer alguns meios de comunicação criados pelo homem.
- Discutir sobre os cuidados que se deve ter quando se compartilha dados em ambientes virtuais.
- Montar um experimento de transmissão de informações.
- Debater sobre o uso das mídias digitais entre os jovens.

Moment Open/Getty Images

As informações transitam por vários meios, desde alguns considerados tradicionais até os mais tecnologicamente avançados.

De olho no tempo

Este é um projeto que prevê atividades relacionadas ao levantamento de informações, criação de esquemas e debate de ideias. Organizar o tempo para cada uma dessas tarefas é de fundamental importância para que os conhecimentos possam se estruturar e fazer sentido. Com seus colegas, defina uma data para o debate final e monte um cronograma a partir do qual seja possível distribuir adequadamente o tempo entre todas as etapas.

Diário de bordo

O Diário de bordo deverá acompanhar você no decorrer deste projeto, para que registre as informações, os dados coletados, as fontes de sua pesquisa e as ideias que você formular durante o estudo. Também no Diário você vai rascunhar os argumentos que pretende utilizar no debate que finaliza o projeto.

ETAPA 1

Já imaginou como seria sua vida sem os meios de comunicação que você usa todo dia?

Desde os primeiros grupos humanos, as pessoas desenvolveram formas para se comunicar. Sinais, desenhos, imagens, palavras faladas e escritas em pedra, madeira, pergaminhos, papel, telas. As informações já chegaram a seus destinos por meio de mensageiros, levadas por aves e outros animais, por meio de fios e pelo ar, por baixo da terra e do mar, por cabos que interligam continentes e por fibra óptica.

Com o avanço tecnológico, os meios de comunicação se tornaram mais rápidos e eficientes, capazes de aproximar pessoas, comunidades isoladas e países distantes. Com a possibilidade de se comunicar instantaneamente por meio de mensagens de texto ou voz, seja onde for, o mundo parece cada vez menor.

A evolução da comunicação, da palavra falada até a internet sem fio, envolve um percurso em que se relacionam linguagens e meios de comunicação, transmissores e receptores, dados que se perdem ou são registrados na memória, seja ela física ou virtual.

O *smartphone*, que muitos carregam no bolso, permite a comunicação em tempo real. Esse dispositivo altamente tecnológico é capaz de transmitir sons, imagens e vídeos para qualquer lugar do globo. Além do alcance e da velocidade, a quantidade de informações que se pode transmitir é cada vez maior.

Vivemos na era da informação, com acesso a uma biblioteca basicamente infinita de dados circulando a cada segundo. No entanto, muito se fala da solidão das pessoas, isoladas em suas bolhas virtuais, distantes do mundo real. Fala-se também das diferenças e da intolerância entre os povos, da dificuldade de compartilhar experiências, da ansiedade pela aprovação dos outros, em dar e receber *likes* o tempo todo, da perda da privacidade, de se sentir atropelado por novidades e modismos, de ser bombardeado por informações falsas ou irrelevantes. Essas contradições são tão características de nosso tempo quanto os incríveis avanços da comunicação.

Na imagem ao lado, a evolução da comunicação humana é retratada a partir da evolução do ser humano com uma visão crítica: o homem diante do computador tem a mesma postura curvada de seus antepassados mais longínquos. »

Drawlab19/Shutterstock

Se liga

Existem vários tipos de internet, uma das mais antigas é a conexão discada, ou Dial Modem. Esse foi um dos primeiros tipos de internet no Brasil. A conexão era feita por meio de uma linha telefônica, sua velocidade era baixa e havia quedas constantes. Essa tecnologia, apesar de ultrapassada, ainda é utilizada por cerca de 7% daqueles que acessam a *web* no Brasil, segundo dados do IBGE de 2014.

As tecnologias G se tornaram populares em razão da capacidade de transmissão de dados e voz. Diferentemente de transmissões via cabo, fios ou *modem*, o sinal é enviado e recebido por meio de uma torre de transmissão fixada em um ponto estratégico. Essa tecnologia surgiu na década de 1980 e encontra-se atualmente em sua quarta geração. Sua concorrente, a WIMAX, consegue disponibilizar acesso para uma rede metropolitana com uma velocidade impressionante, utilizando também um princípio de transmissão sem uso de fios. A futura geração, a 5G, está prevista para funcionar por volta de 2020.

Atividade 1

» O que você sabe sobre a evolução da comunicação humana? Teste seus conhecimentos com o **quiz** a seguir.

quiz jogo em que se fazem perguntas para testar o conhecimento geral de alguém.

Veja como funciona

- Para cada pergunta, há três alternativas de resposta.
- Escolha a alternativa que você acha correta.
- Anote a alternativa escolhida no seu Diário de bordo.
- Compare suas respostas com as dos colegas.

a) O Kinect (sensor de movimentos que permite que pessoas joguem sem a necessidade de tocar os controles) surgiu em:
- 2003.
- 2010.
- esse dispositivo ainda não foi inventado.

b) O desenvolvimento da linguagem está relacionado a que fatores?
- Ao surgimento da vida em sociedade.
- À necessidade de conseguir alimentos.
- À dificuldade de enfrentar os predadores.

c) O primeiro jornal de que se tem notícia:
- surgiu no século XVIII, com o desenvolvimento da vida nas cidades.
- apareceu na metade do século XVI, com a necessidade de comunicar as transações comerciais entre os estabelecimentos situados em Paris.
- foi inventado pelo general romano Júlio César, em 59 a.C.

d) Os *tablets* foram inventados:
- no século XXI, com o desenvolvimento de plataformas digitais de alta definição.
- no século XIX, pelo norte-americano Elisha Gray, que desenvolveu um mecanismo capaz de reproduzir a escrita manual de uma máquina para outra.
- na década de 1990, com a necessidade dos bancos de transmitir informações para seus clientes.

e) O faraó Ramsés III (1217 a.C. – 1155 a.C.) divulgou sua ascensão ao trono do Egito em 1194 a.C.:
- com a ajuda de pombos-correios.
- por meio de atletas que correram até as cidades para informar o povo.
- por meio de pergaminhos espalhados pelo império.

f) As redes *Wi-Fi* funcionam por meio de:
- ondas de calor.
- ondas de rádio.
- ondas magnéticas.

g) D. Pedro II foi o responsável pela instalação da primeira linha de telefone no Brasil. O fato curioso é que o Imperador:

- manteve contato com o inventor do aparelho, Alexander Graham Bell.
- comprara essa tecnologia em uma de suas viagens à Ásia.
- foi um dos financiadores do invento.

h) Segundo pesquisa realizada pelo IBGE em 2016, no Brasil:

- somente 23% das pessoas afirmaram utilizar a internet para educação e aprendizado.
- o número de computadores domésticos ultrapassou o de televisores.
- o telefone celular foi o principal meio usado para acessar a internet.

Atividade 2

» Com um colega, leia as três charges a seguir. Cada uma delas trata de um assunto relacionado ao tema da comunicação. Vocês devem:

a) identificar o assunto de que trata cada charge.

b) destacar que aspectos sociais as charges criticam.

c) explicar como se dá o efeito de humor em cada texto.

Façam suas anotações no Diário de bordo.

1

Mike Keefe/Cagle Cartoons

Disponível em: <https://www.cagle.com/>. Acesso em: 22 out. 2018.

2

Sinovaldo/Acervo do cartunista

Disponível em: <https://sinovaldo.com.br/>. Acesso em: 22 out. 2018.

3

Duke/Acervo do cartunista

Acesso em: 22 out. 2018.

ATIVIDADE 3

» Você e seus colegas vão entrevistar pessoas que viveram em uma época anterior à internet. Ou seja, pessoas que se lembram do cotidiano antes de 1996. A internet chegou ao Brasil em 1988, mas só a partir de 1996 a rede se popularizou, com os primeiros provedores comerciais e a distribuição de **IPs** e de **domínios**.

IPs *Internet Protocol* é uma identificação única para cada computador conectado a uma rede.

domínios conjunto de caracteres que você coloca no navegador de seu computador para encontrar um *site* na internet.

Para descobrir como era a interação quando não existiam mensagens de texto nem *smartphones*, perguntem às pessoas entrevistadas como se comunicavam em certas situações:

a) Situação 1 – Convite de última hora para evento
   - Você resolveu dar uma festa de última hora. Como convidar amigos e familiares para o evento? Considere o fato de que poucas pessoas tinham telefone domiciliar.

b) Situação 2 – Notícias de um parente distante
   - Como você se comunicava com um parente que morava em um lugar muito distante?

c) Situação 3 – Acesso a notícias do mundo
   - Como você se informava sobre um acontecimento importante ocorrido em um município diferente do seu?

Registre as informações no Diário de bordo.

COMO FAZER UM LEVANTAMENTO DE DADOS A PARTIR DE ENTREVISTAS

1. Com seus colegas, faça uma lista das pessoas que vocês conhecem para entrevistar. Deem preferência a familiares ou pessoas próximas, seis pessoas é um bom número para realizar um levantamento interessante de informações.
2. Dividam as pessoas em subgrupos, tendo como referência a popularização da internet em 1996. Pessoas na faixa dos 50 anos tiveram sua infância e adolescência nas décadas de 1970 e 1980, o que garante experiências anteriores à popularização dos *e-mails* e *smartphones*.
3. Tente obter o máximo de informações de cada entrevistado: peça para contarem situações que tenham vivenciado.
4. Não façam juízos de valor comentando como era difícil a comunicação em outros tempos.
5. Caso o entrevistado mencione algum dispositivo de comunicação que vocês não conheçam, peçam que explique do que se trata, depois façam uma pesquisa para conhecer esse dispositivo.

ATIVIDADE 4

» Agora é hora de organizar os dados coletados. Copie a tabela a seguir no Diário de bordo e preencha com as informações obtidas.

Nome do entrevistado	Idade	Situação 1	Situação 2	Situação 3

ETAPA 2

Tecnologias da Informação e Comunicação (TIC) é uma expressão que se refere ao papel da comunicação (por fios, cabos ou sem fio) na moderna tecnologia da informação. As TICs fazem parte do cotidiano de quem usa celular, *smartphone*, *tablet*, *notebook* e computador.

De um lado, esses aparatos tecnológicos nos conectam com o mundo ao redor; de outro, podem provocar uma série de problemas de comportamento e de saúde.

iStockphoto/Getty Images

O que essa imagem comunica sobre a relação com dispositivos tecnológicos? »

Atividade 1

» Leia a seguir uma síntese das recomendações da Sociedade Brasileira de Pediatria, que fazem parte de seu Manual de orientação da saúde de crianças e adolescentes na era digital.

SAÚDE DE CRIANÇAS E ADOLESCENTES NA ERA DIGITAL

- Nas telas do mundo digital tudo é produzido como fantasia e imaginação para distrair ou afastar do mundo real – portanto, não se deixe enganar no mundo virtual.
- Não marque bobeira à toa! Cuidado, desconfie de mensagens esquisitas ou confusas. Aprenda a bloquear mensagens ofensivas ou que zombem de você!
- A senha é só sua, não a compartilhe com ninguém, ninguém mesmo! Única exceção para seus pais, que são os responsáveis por você até completar os 18 anos, legalmente.
- Lembre-se de que a internet é um espaço público e as mensagens trocadas ficarão para sempre gravadas e acessíveis, como uma história de você ou como uma impressão digital.
- Preste atenção para não adicionar qualquer pessoa desconhecida e jamais marque encontros com pessoas estranhas ou conhecidas apenas pela internet e que enviam mensagens solicitando encontros com você! Cuidado ao utilizar a *webcam*, evite a exposição, se você estiver sem roupas ou mesmo no seu quarto ou sozinho em qualquer lugar.
- Prêmios ou ofertas em dinheiro ou presentes de viagens podem ser ciladas. Surpresas e mágicas *online* são muitas vezes falsas para pegar otário, portanto, seja mais esperto!
- Seja quem você é mesmo, sem criar avatares, heróis ou inimigos que nem existem, ou só existem em sua imaginação. Pode ser engraçado, mas nem sempre é brincadeira! Você pode se machucar à toa, fique sempre alerta aos desafios ou confrontos que podem terminar em problemas sérios, colocando sua vida em risco.

- Seja respeitoso *online* e trate os outros como gostaria de ser tratado, afinal você merece respeito de todos também. Evite repassar mensagens que possam humilhar, ofender, zombar ou prejudicar a pessoa que receber este seu recado.
- Crescer e construir o seu corpo precisa de horas de sono e alimentação balanceada e saudável. Se você estiver se sentindo cansado, sonolento, com fome ou sem apetite, ou com dor de cabeça, nas costas, nos olhos ou nos ouvidos, desligue o seu celular ou seu computador, converse com seus pais ou consulte seu médico pediatra. Conversando, a gente se entende e tudo ficará melhor! Sempre é bom ter mais cuidados de saúde e você é responsável por sua saúde física e mental, e lembre que para ser um adulto melhor e capaz, requer socialização, conversa e reflexão!

Saúde de crianças e adolescentes na era digital. SBP – Sociedade Brasileira de Pediatria. Disponível em: <www.sbp.com.br/fileadmin/user_upload/2016/11/19166d-MOrient-Saude-Crian-e-Adolesc.pdf>. Acesso em: 3 out. 2018.

a) Em grupo, selecione e reescreva as informações acima de modo a resumi-las e adequá-las para compor um cartaz que possa ser afixado na escola com o objetivo de alertar outros jovens para o uso adequado da internet.

b) Depois de terminados os cartazes, cada grupo apresentará o seu para o restante da classe.

Atividade 2

» Leia a seguir um texto em que se discute como diferentes gerações se relacionam com a internet. Depois reflita sobre esse tema com base nas questões propostas.

A FALÁCIA DOS NATIVOS DIGITAIS

Foi o autor americano Marc Prensky quem falou pela primeira vez dos nativos digitais para se referir aos jovens nascidos a partir de mais ou menos 1990 e que portanto estiveram desde seu primeiro minuto de vida rodeados de computadores, telefones celulares e outras ferramentas da era digital.

Em contraposição, Prensky chamava "imigrantes digitais" aquelas outras pessoas que tiveram seus primeiros contatos com a tecnologia digital um pouco mais velhos. O autor acabava afirmando que um ambiente totalmente digital muda drasticamente a forma como os jovens pensam e processam a informação, e que inclusive chega a mudar suas estruturas cerebrais fazendo com que estejam muito mais adaptados e permeáveis às novas tecnologias.

O termo "nativo digital" sugere que os jovens sabem utilizar a tecnologia de forma **inata**, que a entendem perfeitamente, que aprendem sozinhos a utilizar qualquer ferramenta informática, e que são capazes de fazer mágica com qualquer dispositivo que caia em suas mãos. Em consequência não necessitam de formação em tecnologia, pois "já sabem mais que nós".

Isso é verdade? É a mesma coisa ser "nativo digital" que "competente digital"? Parece claro que não é. Os jovens da atualidade nasceram em um mundo digitalizado e, portanto, possuem "aptidões" para o uso das TIC, mas isso não quer dizer que tenham desenvolvido as habilidades necessárias para serem "competentes" nisto. É evidente que para eles é muito fácil entender como funciona um determinado aplicativo, mas nem tudo significa ser capaz de escrever um **WhatsApp** com uma mão enquanto com a outra joga uma partida de **Candy Crush**. Deverá existir um conhecimento mais aprofundado em tecnologia, para ser "digitalmente competente".

falácia afirmação enganosa, falsa.

inata que nasce com o indivíduo.

WhatsApp aplicativo para troca de mensagens instantâneas.

Candy Crush jogo digital.

Então o próprio inventor do termo "nativo digital" criou poucos anos depois outro termo, o de "sábio digital", para designar uma pessoa que não somente sabe como utilizar as tecnologias, mas que também tem a capacidade de avaliá-las criticamente e de saber utilizá-las na medida certa. Não se pode dizer que muitos jovens sejam "sábios digitais". Carecem de um padrão ou modelo de utilização das redes sociais minimamente razoável, pois pensam que todas as redes sociais são iguais, não têm um pensamento crítico sobre a informação que recebem da internet, não sabem reconhecer um ***spam*** ou não têm nenhuma ideia de como funciona um motor de busca. Ficam simplesmente na superfície e não se aprofundam na tecnologia. [...]

spam termo usado para nomear os *e-mails* não solicitados, que geralmente são enviados para um grande número de pessoas.

A ideia de que os jovens são nativos digitais leva muitos pais e educadores a abandonar a educação digital dos filhos, pensando, erroneamente, que eles mesmos aprenderão sozinhos e que, como os jovens sabem mais que eles, não têm nada para ensinar. Os pais delegam a educação digital a um aplicativo de controle parental, que é quem decide a que conteúdos os jovens têm ou não acesso; controle parental que, na verdade, desaparece quando eles se sentam diante de outro computador diferente do seu, momento em que "o proibido" aparece diante de seus olhos como uma tentação irrecusável.

[...]

Concluindo: nós, os pais, devemos pensar que preparar nossos filhos para o futuro é muito mais do que rodeá-los de dispositivos. Devemos educá-los em seus hábitos de utilização, buscar a formação em tecnologia mais adequada para eles e ensinar que coisas são corretas ou não, no mundo real são as mesmas do mundo digital. Como em muitos outros ambientes da vida, os "imigrantes" temos muito que ensinar aos "nativos".

GARCIA ESTEBAN, R. *A falácia dos nativos digitais*. Disponível em: <http://br.blogthinkbig.com/2016/06/15/a-falacia-dos-nativos-digitais/>. Acesso em: 15 set. 2018.

a) Você utiliza as redes sociais? Quanto tempo por dia gasta nessas atividades?

b) Converse com um colega: Você se considera um nativo digital?

c) Você costuma refletir sobre o uso que faz da internet? Acha que tem atitudes que fazem de você um "sábio digital"?

d) Como sua família atua em relação ao seu uso da internet? Eles orientam você sobre esse uso ou o deixam inteiramente livre para fazer suas escolhas?

Atividade 3

» Leia o infográfico a seguir sobre o uso da internet no Brasil. Em seu Diário de bordo faça anotações sobre os dados mais relevantes do infográfico, considerando as seguintes questões:

a) Entre as informações apresentadas, o que mais chamou a sua atenção?

b) Você conhece todas as redes sociais e os aplicativos apresentados no infográfico?

c) Converse com um colega: Por que vocês acham que tantas pessoas acessam redes sociais?

d) A partir da leitura do infográfico e de sua própria reflexão sobre o tema, converse com um colega: Que cuidados são necessários ao acessar redes sociais?

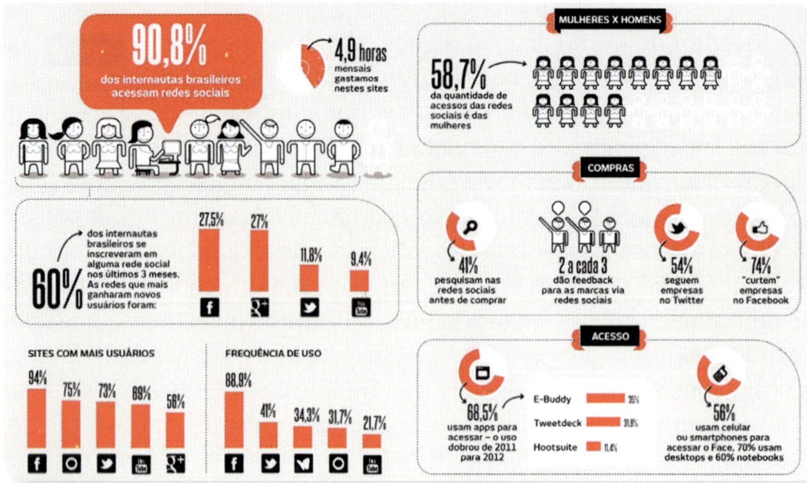

Alex Affonso/Agência O Globo

Disponível em: <http://www.affonso.org/>. Acesso em: 22 out. 2018.

ATIVIDADE 4

» A partir das respostas das questões propostas na Atividade 3, você fará, em grupo, um pôster que servirá de apoio à Atividade final deste projeto: uma exposição oral no fórum sobre a relação entre os jovens e a comunicação digital. Nesse pôster deve constar um levantamento realizado a partir das três primeiras questões e os principais argumentos apresentados na quarta questão.

COMO FAZER UM PÔSTER

1. Crie um título chamativo – O leitor poderá identificar o assunto com facilidade, no caso, o uso da internet no Brasil, tema do infográfico.

2. Escreva os objetivos e as conclusões em lugar de destaque – As pessoas poderão identificar rapidamente qual é o ponto de partida e o ponto de chegada de suas ideias.

3. Utilize fontes grandes para facilitar a leitura – Um pôster deve ser legível a uma distância de um metro e meio, aproximadamente. Evite usar muitas fontes diferentes para não tornar a leitura difícil.

4. O conteúdo do pôster pode ser organizado em seções – Elas devem estar bem separadas umas das outras para que o leitor possa localizar facilmente as informações. Em geral, três colunas são suficientes para dividir o que se quer expor.

5. Inclua ilustrações – Imagens costumam deixar o pôster atraente. Coloque a ilustração principal do seu trabalho na área central do pôster e cuide para não dispersar a atenção do leitor.

6. Escreva um texto simples, com os conteúdos mais importantes – Frases curtas e palavras-chaves organizadas em itens orientam e facilitam a leitura. A sequência das informações deve obedecer a uma lógica, para que o leitor não se perca.

7. Correção gramatical – O texto deve obedecer à norma-padrão, por isso é necessário revisar o texto do pôster antes de finalizá-lo.

ETAPA 3

Você já parou para pensar em como as informações que chegam até você via internet são transmitidas? Vamos conhecer um pouco a evolução dessas transmissões digitais?

FOLHA DE S. PAULO

Ano XLIX Um jornal a serviço do Brasil São Paulo, domingo, 20 de julho de 1969 N.º 14.644

Dias uteis: NCr$ 0,30 — Domingos: NCr$ 0,40 Diretor Presidente Octavio Frias de Oliveira Adm e of.: Al. Barão de Limeira, 425

ÀS 17H16 A NAVE POUSA NA LUA

HOUSTON, Texas — A NASA divulgou ontem esta foto do distintivo em tecido que os astronautas da Apolo-11 deixarão amanhã sobre o solo lunar. É uma homenagem que a tripulação da nave desejou fazer à memoria das três vitimas do programa espacial norte-americano, os astronautas Virgil Grissom, Edward White e Roger Chaffee, que morreram queimados em 1967 num repentino incendio quando realizavam um treino em sua capsula Apolo-1, já colocada no topo do foguete Saturno, em Cabo Kennedy. O distintivo e outras três replicas em metal ficarão na Lua. Depois do incidente com a Apolo-1, todo o programa foi revisto, e as condições de segurança das naves seguintes muito aumentadas. — Radiofoto UPI

Pela TV, eis Armstrong atravessando o tunel entre a nave e o modulo. - Radiofoto AP

Esta cena ocorrerá às 16h11: o Modulo Lunar desce para o pouso na Lua. — NASA

Após um vôo perfeito desde que partiu da Terra, a Apolo-11 entrou ontem, às 14h26, em orbita lunar. Hoje, às 17h16 — 4 minutos e 39 segundos antes do horario previsto — o Modulo Lunar, com Armstrong e Aldrin a bordo pousará na Lua, junto ao Mar da Tranquilidade, enquanto Collins continuará na nave-mãe, em orbita circular. Mas somente amanhã, às 3h17, Armstrong — seguido por Aldrin — dará o primeiro e fantastico passo na superficie lunar, se a NASA não lhe conceder autorização para deixar, antes, o veiculo espacial.

Ontem, quando os norte-americanos chegaram às proximidades da Lua, lá estava tambem em orbita o satelite sovietico Luna-15 cuja missão Moscou continua cercando de segredo. Os cientistas sovieticos limitaram-se a comunicar ao Centro Espacial de Houston que o Luna-15 não interferirá de modo algum nas manobras da Apolo-11. Em todo o mundo o feito que os norte-americanos estão a ponto de realizar causa grande emoção. Na Europa, trabalhadores pediram licença para chegar mais tarde ao trabalho, a fim de acompanhar o historico momento pela televisão. No Peru e Panamá, foi decretado feriado escolar. Na Argentina o povo segue as noticias com ansiedade. Nos Estados Unidos nem a Bolsa de Valores funcionará amanhã e, segundo os informes, aumentou extraordinariamente a venda de aparelhos de televisão.

No Brasil, até ontem à noite, eram imprecisas as noticias sobre a retransmissão da descida dos astronautas. Em São Paulo, um canal de TV anuncia que transmitirá de 3 a 6 horas da madrugada de amanhã.

(Paginas 8, 9 e 10)

Editoria de Arte/Folhapress

« Notícia veiculada pela *Folha de S.Paulo* em 20 de julho de 1969.

Em 20 de julho de 1969, pela primeira vez na história, um ser humano pisou na Lua. Na época a façanha rendeu páginas e páginas de jornais e revistas e mostrou ao mundo que a ciência e a tecnologia podiam realizar o que até então era ficção científica. Mais incrível ainda foi que 500 milhões de pessoas tenham assistido ao vivo ao acontecimento: a grande conquista talvez não tivesse tanto impacto se não fosse a televisão. Desde então, muita coisa mudou: as ondas de transmissão analógicas se tornaram digitais e hoje estamos conectados o tempo todo. É até difícil imaginar como foi surpreendente ver pela TV a chegada dos astronautas na Lua no fim da década de 1960. Sem essas conquistas e essa evolução, muito provavelmente não existiriam hoje computadores conectados à internet e celulares que funcionam como computadores. Para conhecer esses processos de transmissão, você vai fazer as atividades a seguir.

Atividade 1

» Imagine a seguinte situação: você quer viajar para algum lugar, mas não consegue decidir para onde. Então, resolve iniciar o percurso em qualquer direção e, sempre que encontra uma bifurcação, decide com cara ou coroa se escolhe o caminho da esquerda ou o da direita. Agora siga o roteiro:

a) Elabore um diagrama no Diário de bordo que represente todas as possíveis viagens que você poderia fazer, considerando quatro bifurcações durante o percurso.

b) Quantos destinos diferentes você poderia obter? E se fossem cinco bifurcações? Existe alguma relação entre o número de bifurcações e o número de destinos da viagem?

c) Que informações você precisaria fornecer a um amigo, que também não sabe o caminho, caso ele queira se encontrar com você no seu destino?

d) A situação hipotética da atividade remete a uma troca de informações entre duas pessoas para que elas cheguem a um mesmo destino numa viagem. Discuta com seus colegas outros exemplos de informações que trocamos no dia a dia para indicar os passos que devem ser seguidos para que determinada tarefa seja realizada.

Atividade 2

» Para entender como funciona a transmissão de sons e de imagens é necessário relembrar o conceito apresentado na Atividade 1: uma tarefa específica só pode ser feita por alguém que não tenha conhecimento sobre ela se receber um passo a passo minucioso de como realizá-la.

Nas **telecomunicações** ocorre o mesmo: para transmitir uma imagem, uma antena emissora gera um sinal com a receita de como reconstruir aquela imagem. A antena receptora, então, lê o sinal e executa a tarefa, recriando a imagem original. Desse modo, basta a antena que emite o sinal enviá-lo em todas as direções para as diversas antenas receptoras espalhadas pelo mundo, que recebem esse sinal, decodificam-no e o enviam para os televisores – e, assim, as pessoas podem receber em casa, por exemplo, a imagem do homem pisando na Lua.

telecomunicações
transmissões de quaisquer tipos de informação por via de fios, fibras ópticas, ondas de rádio ou ondas eletromagnéticas.

Observe a imagem a seguir:

Sinal analógico

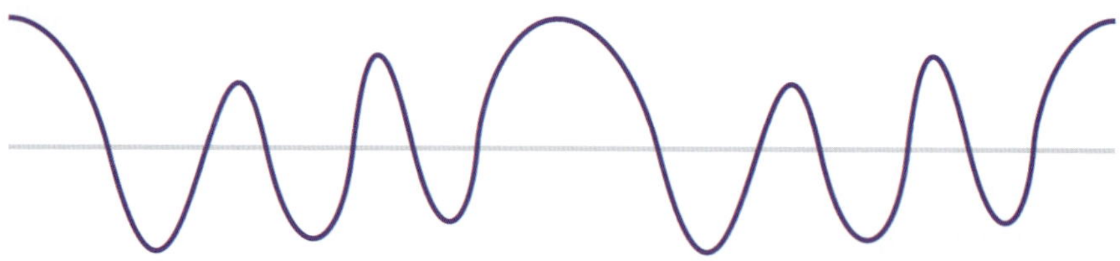

Banco de imagens/Arquivo da editora

Sinal digital

a) Considere agora que podemos simplificar as indicações da atividade anterior, representadas pelo diagrama, e oferecer, por exemplo, apenas uma opção de esquerda ou direita, A ou B, sim ou não, 0 ou 1. Qual dos dois sinais, o analógico ou o digital, representaria melhor esse tipo de escolha binária?

b) O que ocorre no cotidiano são diversos sinais diferentes enviados por emissores distintos em todas as direções e que interferem uns nos outros, acarretando perdas de algumas das partes dessas ondas. Em qual dos dois tipos de sinal é mais difícil recuperar o padrão original? Tendo em vista sua resposta, o que podemos afirmar acerca da qualidade da transmissão das informações no sinal analógico e no sinal digital?

c) Com base no que você respondeu no item c da atividade anterior, discuta com seus colegas: Se existem diversos sinais sendo transmitidos ao mesmo tempo, como a antena receptora consegue diferenciá-los e identificar apenas a informação do sinal que lhe interessa naquele instante?

Atividade 3

» Agora que você já refletiu sobre o funcionamento da emissão e recepção de uma informação por meio das tecnologias de telecomunicação, discuta com seus colegas:

a) Tendo em vista as vantagens de mudar a transmissão de analógica para digital, qual é a importância social de melhorar a qualidade e simplificar o padrão do sinal transmitido?

b) Em nossa sociedade, cada vez mais o acesso à informação tem se dado de forma digital (computadores, *tablets* e celulares), de tal modo que, eventualmente, todas as pessoas serão "obrigadas" a se digitalizarem para acompanhar essa mudança. Quais são os pontos negativos dessa fase de transição que estamos vivendo?

c) Podemos afirmar, então, que apenas melhorar a qualidade do sinal transmitido não é suficiente para garantir total inclusão digital das pessoas? Que outros fatores são necessários para garantir maior acesso à informação para todos?

d) Sugira políticas públicas que possam ser implementadas pelo governo para garantir maior inclusão digital.

stockphoto mania/Shutterstock

ATIVIDADE FINAL

FÓRUM SOBRE OS JOVENS E A COMUNICAÇÃO DIGITAL

Hero Images/ Getty Images

» Chegou a hora de organizar o fórum, um debate sobre os jovens e a comunicação digital.

a) Definam a data, façam cartazes para convidar a comunidade escolar, incluindo pais e amigos, e reservem uma sala da escola onde haja cadeiras para todos.

b) Exponham os pôsteres que vocês criaram no local do evento.

c) No dia do fórum, cada grupo vai apresentar seus argumentos para as questões da Atividade 4 da Etapa 2.

d) Um mediador deverá controlar o tempo de fala de cada grupo. Após as apresentações, o mediador vai organizar os pedidos de fala da plateia a favor ou contra as colocações dos grupos.

e) Lembrem-se de que a comunidade escolar também tem direito a expor seus pontos de vista. Abram espaço para que os convidados se expressem e incentivem a participação de todos.

COMO FAZER UMA EXPOSIÇÃO ORAL

Você já conhece parte dessas instruções. Veja a página 115.

1. Preparem uma lista com as respostas e os argumentos do grupo.
2. Combinem a divisão das falas entre os componentes do grupo.
3. Cuidem do tempo de exposição de cada um, treinando antes e contando o tempo no cronômetro do celular.
4. Ensaiem as falas. Vocês podem se alongar em certos argumentos para convencer a plateia da validade de seus pontos de vista.
5. Falem com calma e clareza e cuidem da expressão corporal. Evitem ficar com as mãos nos bolsos ou encostados na parede e prestem atenção na fala dos colegas e na dos outros grupos.

Avaliação

Como foi, para você, participar do fórum?

- Você teve oportunidade de apresentar suas ideias?
- Algum argumento apresentado no fórum levou você a repensar seu posicionamento inicial?
- Os participantes gostaram do debate?
- A organização do debate possibilitou a manifestação de todos os que quiseram falar?
- Você se sente mais confiante em relação a seu ponto de vista sobre os problemas debatidos?

Como divulgar

Como fazer com que mais pessoas tenham acesso às ideias e aos argumentos discutidos no fórum?

- Distribuindo uma síntese escrita das colocações para alunos de outras classes e séries, professores e pais que não puderem participar?
- Gravando o fórum e postando o vídeo no *site* da escola?
- Criando um *blog* para apresentar ideias sobre o tema: "A relação entre os jovens e a comunicação digital"?

DIÁRIO DE BORDO

Você registrou muita coisa neste projeto. Vamos relembrar? Já anotou dados com base em entrevistas, interpretou charges, sintetizou ideias e formulou argumentos que foram debatidos em público.

Para finalizar, anote suas impressões do projeto, destacando o que ele foi capaz de mobilizar em você, se possibilitou a autorreflexão e o autoconhecimento, por exemplo:

- Fotografe a sala em que ocorreu o debate e cole no Diário.
- Escreva um breve depoimento sobre qual era sua opinião sobre o tema e o que mudou depois da realização das atividades.
- Faça um relato pessoal sobre o que você pensa a respeito do acesso de crianças e jovens a redes sociais.

BIBLIOGRAFIA

Apresentamos a seguir as principais obras consultadas durante a realização deste material.

ARAÚJO, Ulisses Ferreira de. *Temas transversais e a estratégia de projetos*. São Paulo: Moderna, 2003.

BAUMAN, Zygmunt. *Globalização:* as consequências humanas. Tradução de Marcus Penchel. Rio de Janeiro: Jorge Zahar, 1999.

________. *Modernidade líquida*. Rio de Janeiro: Zahar, 2001.

BUCK INSTITUTE FOR EDUCATION. *Aprendizagem baseada em projetos:* guia para professores de ensino fundamental e médio. Tradução de Daniel Bueno. 2. ed. Porto Alegre: Artmed, 2008.

CASTELLS, M. *A galáxia da internet:* reflexões sobre a internet, os negócios e a sociedade. Tradução de Maria Luiza Borges. Rio de Janeiro: Zahar, 2003.

COLL, César et al. *Os conteúdos da reforma:* ensino e aprendizagem de conceitos, procedimentos e atitudes. Porto Alegre: Artmed, 1998.

CONAMI. Conselho Nacional de Mulheres Indígenas (Org.). *Natyseño:* trajetória, luta e conquista das mulheres indígenas. Belo Horizonte: FALE/UFMG, 2006.

COSTA, Sérgio Roberto. *Dicionário de gêneros textuais*. Belo Horizonte: Autêntica, 2008.

ESTEBAN, Maria Teresa; HOFFMANN, Jussara; JANSEN, Felipe (Org.). *Práticas avaliativas e aprendizagens significativas*: em diferentes áreas do currículo. Porto Alegre: Mediação, 2003.

FREIRE, Paulo. *A importância do ato de ler:* em três artigos que se completam. 23. ed. São Paulo: Autores Associados: Cortez, 1989.

GUTTERMAN, Marcos. *O futebol explica o Brasil:* uma história da maior expressão popular do país. São Paulo: Contexto, 2009.

HALL, Stuart. *Identidade cultural na pós-modernidade*. Rio de Janeiro: Lamparina, 2014.

HERNÁNDEZ, Fernando. *A organização do currículo por projetos de trabalho*. Tradução de Jussara Haubert Rodrigues. Porto Alegre: Artmed, 1998.

KOK, Glória. *Memórias do Brasil – Uma viagem pelo patrimônio artístico, histórico, cultural e ambiental*. São Paulo: Terceiro Nome, 2011.

MONTANARI, Valdir. *Energia nossa de cada dia*. São Paulo: Moderna, 1998.

NOBRE, Carlos A.; MARENGO, José A. (Org.). *Mudanças climáticas em rede:* um olhar interdisciplinar. São José dos Campos, SP: INCT, 2017.

PENNAC, Daniel. *Como um romance*. Porto Alegre: L&PM, 2008.

SALLES, Evandro (Org.). O rio do samba: resistência e reinvenção. Curadoria de Nei Lopes, Marcelo Campos e Clarissa Diniz. Tradução de John Robert Andrews. Rio de Janeiro: Instituto Odeon, 2018. [Catálogo de exposição realizada no Museu de Arte do Rio no período de 28 de abril de 2018 a 10 de março de 2019. Texto em português e inglês.]

SANTOS, Milton. *Por uma outra globalização:* do pensamento único à consciência universal. 20. ed. Rio de Janeiro: Record, 2011.